Christopher Markert: Innere Harmonie als heilende Lebenskraft

Christopher Markert

# Innere Harmonie als heilende Lebenskraft

## Mit Übungen zum besseren Sehen

WJ Dr. Werner Jopp Verlag
Wiesbaden

CIP-Titelaufnahme der Deutschen Bibliothek

**Markert, Christopher**
Innere Harmonie als heilende Lebenskraft : mit Übungen zum besseren Sehen / Christopher Markert. Übers.: Jutta Hein. – Wiesbaden : Jopp, 1990
Einheitssacht.: The healing power within you ⟨dt.⟩
ISBN 3-926955-22-8



Deutsche Übersetzung: Jutta Hein, M.A.

Umschlaggestaltung: Kreativ Design Gerd Aumann, Wiesbaden
Satz: FS-Fotosatz GmbH Manfred Zeisler, Wiesbaden
Druck und Bindearbeiten: Joh. Aug. Koch, Marburg
Printed in Germany
ISBN 3-926955-22-8 A – B – C – D – E

# *Inhalt*

# *Vorwort*

Der Reiz dieses Buches liegt in seiner Einfachheit. Viele andere Techniken, die ähnliche Wohltaten versprechen, mögen raffinierter, eindrucksvoller oder exotischer wirken. Aber gewöhnlich sind sie in der Praxis so umfangreich und schwierig, daß die Leute bald das Interesse verlieren.
Zwar beruht dieses Buch auf alten Yogaschriften und ist durch moderne naturwissenschaftliche Forschungen bestätigt, doch es bleibt ganz an der Praxis orientiert. Es ist für den Leser unserer Tage geschrieben, der im Alltag praktischen Rat und Anleitung braucht.
Sie werden viele geistige und seelische Erkenntnisse vorfinden, aber die eigentliche Absicht besteht darin, Sie Schritt für Schritt zu einer tiefen Erfahrung der inneren Einheit zu leiten, die sich mit Worten nicht beschreiben läßt. Auf dieser Ebene finden Sie die innere Harmonie, die Ihnen dabei hilft, mit allen Bereichen des Lebens wirkungsvoller und fröhlicher umzugehen.
Ich wiederhole: Seien Sie nicht enttäuscht über die scheinbare Einfachheit des Buches, sondern üben Sie die Technik in allen Einzelheiten, bis Sie die Wohltaten erleben, die im Text beschrieben werden.

Dr. J. W. van den Hoek

# *Einleitung*

Wenn Sie die folgenden Seiten flüchtig durchblättern, dann werden Sie auf ein paar wichtige intellektuelle Erkenntnisse stoßen. Aber sie sind nicht der eigentliche Zweck dieses Buches.
Ziel des Buches ist es vielmehr, ein tiefes Geist-Körper-Erlebnis zu vermitteln, das alle Aspekte Ihres Lebens greifbar und praktisch beeinflußt. Das kann nicht allein mit Worten erklärt, sondern muß auf einer subtileren Ebene erlebt werden.

*Sie kommen daher nur in den vollen Genuß, wenn Sie den Übungen in Kapitel 3 in allen Einzelheiten folgen, ohne einen Schritt auszulassen. Wenn Sie das nicht machen, kommt die Botschaft nicht bei Ihnen an, und Sie stehen mit vielleicht erfreulichen, aber nur oberflächlichen Gedanken da.*

Wenn Sie diese Übungen über Tage oder Wochen hinweg machen, werden sie jedesmal einfacher und schöner. Immer mehr werden Sie die wohltuenden Wirkungen in Ihrem alltäglichen Leben erkennen. Wenn Sie das Geheimnis erst einmal begriffen haben, kann es Ihnen nie wieder verlorengehen, und es wird Ihnen in den kommenden Jahren sogar noch mehr Wohltaten bringen. All dies ist im 1. Teil besprochen. In Teil II finden Sie das praktische Grundwissen, das Ihre innere Harmonie und die Ihnen innewohnende heilende Lebenskraft weiter zum Ausdruck bringt.

# *I. Kontakt zu dem wahren Selbst*

## *1. Sich in der Welt zu Hause fühlen*

*Das Schicksal bestimmt Ihr Glück
oder Unglück nicht. Es liefert
nur die Bausteine des Lebens.
Viel mächtiger als diese ist
unser Geist, mit dem wir sie formen
und nutzen können, wie wir
es wollen.*

Montaigne (1533 – 1592)

### *Benutzen Sie Ihren inneren Kompaß, damit Sie mehr vom Leben haben*

Nehmen wir an, Sie hätten einen magische Kompaß, der Ihnen jederzeit sagen könnte, wie Sie Ihren Geist benutzen müssen, um zu besseren Ergebnissen zu kommen, wie Sie sich größerer Lebenskraft erfreuen und wie Sie Ihr Leben sinnvoller gestalten können. Wann immer Sie vom Kurs abkämen, wenn Probleme auftauchten und Sie sich verloren oder frustriert fühlten, würde dieser Kompaß Ihnen ein Signal geben und in die richtige Richtung weisen.

Sie besitzen bereits einen solchen Kompaß. Sie müssen ihn nur hervorholen, einschalten und ein paar Wochen damit üben, bis Sie gelernt haben, ihn geschickt zu benutzen. Vielleicht sind Sie sich dieses Kompasses von Zeit zu Zeit schon unbestimmt bewußt gewesen, denn er ist Bestandteil Ihres

Nervensystems. Aber niemand hat Ihnen je gesagt, wie er betrieben wird oder wie man ihn nutzt, um zu den besten Ergebnissen zu kommen.
Wenn Sie dieses Geheimnis entdecken, werden Sie anfangen, alle Wohltaten und Nebenwirkungen zu genießen, die sich mit seiner Benutzung einstellen. Sie werden feststellen, daß der Kompaß alle Funktionen von Körper und Geist verbessert, Wahrnehmung, Intelligenz, Gedächtnis und Kreativität eingeschlossen. Ihre Sinne - Sehen, Hören, Tastsinn, Geschmack und Geruch - werden schärfer, und Sie brauchen die lästige Brille oder die Kontaktlinsen seltener. Ihr Körper fängt an, wirkungsvoller zu funktionieren, auf einer höheren Ebene von Gesundheit und Wohlbefinden. Sie werden mit Problemen und Hindernissen leichter fertig, Sie nutzen Ihre Talente besser, und Sie schaffen bei weniger Anstrengung in allen Lebensbereichen mehr.
Doch warum haben Sie von all dem noch nie etwas gehört?
Nur sehr wenige Leute wissen davon, und bestimmte alte Schriften erwähnen es nur in mystischen Umschreibungen. In jüngerer Zeit hat ein Professor an einer der führenden medizinischen Hochschulen in den USA in jahrelanger Forschung die Wirksamkeit bewiesen. Aber die Entdeckung wurde bisher nie zu einer praktischen Anleitung für den Alltag zusammengefaßt - erst jetzt, in diesem Buch.
Indem es die Ergebnisse moderner Naturwissenschaft mit der reichen Weisheit, die der Osten zu bieten hat, verbindet, liefert das Buch ein geistiges Handwerkszeug, das in die Tiefe geht, aber doch rational und logisch ist.

## *Was Ihr Kompaß Ihnen sagen kann*

Zu jeder Zeit und innerhalb von Minuten kann Ihr innerer Kompaß Ihnen sagen, wie gut Ihr Geist funktioniert und wie Sie die Gelegenheiten und Möglichkeiten besser nutzen können, die das Leben Ihnen gegenwärtig bietet.
Zuerst wird er Sie in einen Zustand subtilen inneren Gleichgewichts führen, denn Sie können am besten denken, wenn Ihr Geist sich wohl fühlt, wenn Sie mit sich selbst im Einklang sind. Solange Sie innere Reibungspunkte haben, wird alles, was Sie tun, eher schiefgehen, und alles, was Sie denken, wird Sie eher unglücklich machen. Aber wenn Sie mit sich selbst in Harmonie sind, dann haben Sie auch eine harmonische Beziehung zu den Menschen in Ihrer

Umgebung, und Sie konzentrieren Ihre Energien auf lohnende Ziele. Gleichzeitig sind Sie im Einklang mit Ihrem Herzen, und Sie erreichen die innere Mitte, die die Quelle Ihrer Lebenskraft und Kreativität ist, die Grundlage Ihrer Gesundheit und Ihres Wohlbefindens.

Mit dieser Mitte im Einklang zu sein, ist wesentlich für alles wahre Glück und alle befriedigenden Leistungen in allen Lebensbereichen: zu Hause, am Arbeitsplatz oder in der Liebe.

Bevor sie in die Schule kommen, besitzen viele kleine Kinder dieses Geheimnis noch: Spontan und fröhlich sind sie mit ganzem Herzen bei der Sache, mit der sie sich gerade beschäftigen. Sie brauchen keine Pillen, alkoholische Getränke, Drogen oder Rauchwolken, um glücklich zu sein.

Wenn die Menschen erwachsen werden, erleben sie diesen Zustand vielleicht hin und wieder noch einmal, wenn sie intensiv mit einer bedeutungsvollen und wichtigen Sache beschäftigt sind. Aber Sie können in jedem Alter Ihre Fähigkeit wiedergewinnen, aus der Mitte zu leben, Ihre Aufmerksamkeit in jedem beliebigen Augenblick auf Dinge zu konzentrieren, die Sie tief innerlich faszinieren, und häufiger im Gleichklang mit dem Leben zu denken und zu handeln.

Wenn Sie den durchschnittlichen Alltag nicht genießen können, wenn Sie sich nicht auf jeden neuen Tag freuen, dann leben Sie vermutlich nicht aus der Mitte heraus. Wenn Sie nicht jede Herausforderung mit Eifer, Spaß und einem Sinn für Vorfreude und Abenteuer angehen, dann haben Sie die Verbindung zu Ihrem wahren Selbst verloren.

Glück bedeutet: jetzt oder nie; und wenn Sie nicht hier und jetzt Ihre Mitte haben, wenn Ihr Geist nicht dabei ist und immer wieder abschweift, dann leben Sie nur halb.

Vergangenheit und Zukunft und Orte in weiter Entfernung sind wohl wichtig, aber sie bekommen nur Bedeutung im Verhältnis zur allumfassenden Gegenwart. Die Vergangenheit ist vorüber, die Zukunft ist noch nicht da. Ihre vergangenen Erfahrungen und Ihre Zukunftserwartungen beeinflussen Ihr Glück nur indirekt über das Hier und Jetzt.

Die Vergangenheit und die Zukunft, wie Sie sie sehen, gibt es nur in Ihrem Kopf, und beides verändert sich, wenn sich in Ihrem Kopf etwas verändert. Wenn Ihr Geist in der Mitte verankert ist, ergeben Ihre Vergangenheit und Ihre Zukunft plötzlich einen Sinn. Sie wissen, wie Sie Ihre Erfahrungen der Vergangenheit konstruktiv nutzen können, und Sie wissen, wie Sie Ihre Zukunft gestalten. Sie sind nicht Opfer vergangener Erfahrungen oder von Hoffnungen auf die Zukunft, sondern Sie führen Ihr Leben verantwortlich.

Wenn Sie aus Ihrere Mitte heraus leben, wird Ihr Leben zu einem kreativen

Prozeß, und Sie erwecken die Phantasie und die Kreativität aufs neue, die Sie als Kind einmal besaßen.

## Wecken Sie Ihre inneren Heilkräfte

Ihr innerer Kompaß hilft Ihnen, Ihre inneren Lebensenergien zu mobilisieren und zu bündeln, und er unterstützt Ihre körpereigenen Selbstheilungskräfte und das Immunsystem. Jedesmal, wenn Sie ihn benutzen, geschehen auf der Ebene der Zellen geheimnisvolle Dinge. Beschädigte Gewebe werden verjüngt, abnorme Zellen werden ersetzt, und ganze Organe werden im Laufe der Zeit normalisiert und wiederbelebt. Geistige Spannungen, die vielleicht zu einem schlechten Gesundheitszustand beigetragen haben, verschwinden automatisch, genau wie negative, krankheitserregende Emotionen, wie Haß, Angst, schlechtes Gewissen, Schuld, Selbstmitleid und Selbstverachtung. Angespannte Nerven und Muskeln entspannen sich, und Sie fühlen sich rundherum gut.

Ihr Körper ist im wesentlichen ein Organismus, der sich selbst reguliert, sich selbst erhält und sich selbst heilt. Gesundheit, Vitalität und ein Gefühl von körperlichem Wohlbefinden sind ein normaler und natürlicher Zustand. Doch Krankheiten stellen sich bald ein, wenn die Selbstheilungskräfte geschwächt sind und der Geist-Körper sein Gleichgewicht und sein Zentrum verloren hat. Bakterien, Viren und erblich bedingte Faktoren können dazu beitragen, aber sie sind selten der Hauptgrund für die Erkrankung. Sie treten erst in Erscheinung, wenn der Geist-Körper bereits seine natürlichen Abwehrkräfte verloren hat, wenn er geschwächt, angespannt und durcheinander ist.

Jeder von uns hat Schwächen in der einen oder anderen Form geerbt, und jeder Mensch beherbergt in sich Millionen von potentiell schädlichen Mikroben, einschließlich derer, die für Krebs, Tuberkulose und andere gefürchtete Krankheiten verantwortlich sind. Die herkömmliche Methode, die Mikroben mit Chemikalien abzutöten oder befallene Partien wegzuschneiden, löst das Problem selten wirklich, sondern beseitigt nur einige der Symptome, bis die zugrundeliegende Schwäche dann Krankheiten in anderer Form oder in anderen Bereichen des Körpers hervorruft.

Ihr Ziel sollte es daher sein, den gesamten Geist-Körper zu stärken und ihn in einem Zustand fröhlicher Harmonie zu halten. Wie können Sie diesen

Zustand erreichen und aufrecht erhalten? Die folgenden Kapitel weisen Ihnen in leichter und angenehmer Art den Weg. Indem Sie sich einfach bestimmte geistige Bilder vorstellen, können Sie Ihre Welt verändern.
Damit die Methode funktioniert, brauchen Sie nicht an irgendeine bestimmte Philosophie, Theorie, Theologie oder Religion zu glauben. Wenn Sie eine Zeitlang geübt haben, werden Sie merken, daß Sie sich in der Welt besser zu Hause fühlen, daß Sie mit dem Leben und der kosmischen Ordnung besser im Einklang sind und daß Ihre gegenwärtigen Ansichten entweder bestätigt oder verbessert werden.

## *Stufen des Fortschritts*

*Wie schnell können Sie die ersten Ergebnisse erwarten?*

Den Unterschied werden Sie sofort erleben, sobald Sie die Grundidee begriffen haben und anfangen, sie in die Praxis umzusetzen. Danach werden Sie im Verlauf der Tage, Wochen und Monate immer mehr greifbare Ergebnisse erkennen, bis der neue Zustand zu einer angenehmen Gewohnheit und Ihr Glaube an ihn unerschütterlich geworden ist.
Während der ganzen Zeit werden Sie überraschende Veränderungen feststellen: Sie haben ein besseres Gefühl, was Ihre eigene Person angeht, Ihre Unternehmungen sind häufiger von Erfolg gekrönt, Ihre Welt fängt an, Sinn zu bekommen, Sie haben eine bessere Beziehung zu den Menschen in Ihrer Umgebung usw.
Hier ein ungefährer Ablauf dessen, was Sie erwarten können. Die verschiedenen Stufen können sich natürlich überschneiden, auch die Reihenfolge kann anders aussehen. Der Zeitablauf wird davon abhängen, wie es am Anfang um Ihr Bewußtsein bestellt ist. Manchmal können Sie auch das Gleichgewicht wieder verlieren und zu einer früheren Stufe zurückkehren. Bei extrem turbulenten Bedingungen können Sie sogar alle Stufen innerhalb einer Stunde oder eines Tages erleben.
Ihre Reise läßt sich als eine Reihe von konzentrischen Kreisen beschreiben. Wenn Sie sich jetzt noch irgendwo an der Peripherie befinden, werden Sie langsam, aber sicher zur Mitte reisen.

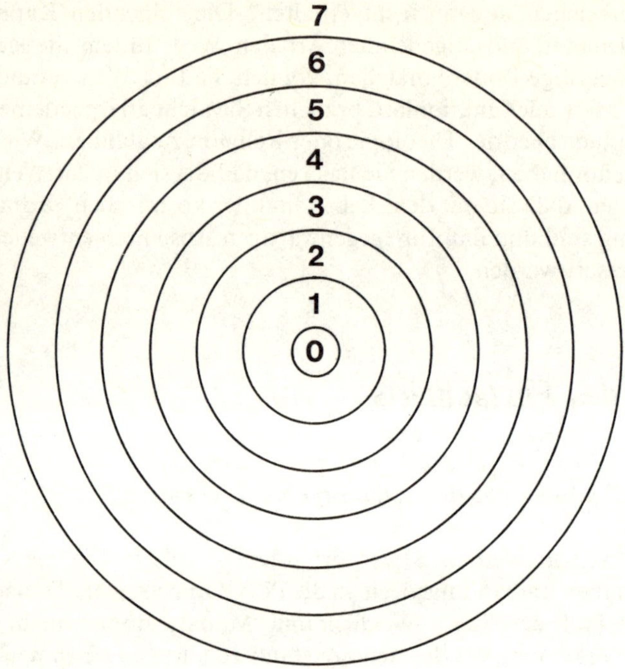


7. Außen: Sie fühlen sich verloren, verwirrt, frustriert.
6. Sie lernen, sich zu entspannen, und fühlen sich besser.
5. Kluge Ideen und Lösungen machen das Leben leichter und produktiver.
4. Sie werden flexibler und einfallsreicher.
3. Das Leben bekommt Sinn, Sie werden sich Ihres wahren Ziels bewußt.
2. Sie lernen, jeden Augenblick zu genießen, Vergangenheit und Zukunft unter der richtigen Perspektive zu sehen.
1. Sie stellen fest, daß Sie selbst die Bedingungen schaffen, und übernehmen Verantwortung für Ihr Leben.
0. Jeder Aspekt Ihres alltäglichen Lebens wird erfreulich, und Sie erfahren eine innere Einheit. Sie sind eins mit der Quelle.

Wenn Sie bereits Erfahrungen im Meditieren, als Yogalehrer oder im Visualisieren haben, werden Sie vermutlich ziemlich oft den Nullzustand erreichen. Wenn Sie einen großen Teil Ihres Lebens vorwiegend angespannt waren, werden Sie jedoch genauso viele Vorteile haben, auch wenn Sie nur langsam von einer Stufe zur nächsten vorankommen. Sie werden jeden

Schritt als eine große Entdeckung erleben, weil sich aufgestaute Spannungen und Probleme nach und nach lösen.

Das also ist der ungefähre Verlauf der Ereignisse, den Sie erwarten können. Die Aufstellung ist natürlich nur ein Modell der Wirklichkeit, und Sie werden sich Ihren eigenen Weg suchen müssen.

Wie Sie vielleicht bemerkt haben, steigen Sie nicht zu „höheren" Ebenen des Bewußtseins auf, wenn Sie sich auf die Kreismitte zubewegen, sondern zu „tieferen" Ebenen. Das ist nicht einfach nur ein Wortspiel, sondern eine Ermahnung an Sie, mit sich selbst und der realen Welt in Verbindung zu bleiben. Am Ende werden Sie natürlich feststellen, daß das Erlebnis der Einheit allumfassend ist und daher sowohl die Höhe als auch die Tiefe einschließt.

Die folgenden Kapitel zeigen Ihnen, wie Sie näher an die Mitte herankommen, und zwar jeweils einen Schritt zur Zeit. Bei jedem Schritt sammeln Sie verläßliche Erfahrungen aus erster Hand, die Sie zum nächsten Schritt führen. Der gesamte Prozeß läuft automatisch ab. Da gibt es nichts, was Sie tun oder planen müßten, Sie müssen nur die einfachen täglichen Übungen machen, wie sie in Kapitel 3 beschrieben werden.

Werden Sie je für immer die innere Einheit finden, so daß Sie alle menschlichen Probleme überwinden und danach für alle Zeiten in einem Zustand himmlischer Glückseligkeit leben?

Nein, Sie werden immer noch hin und wieder Zweifel bekommen, Sie werden immer noch manchmal bekümmert sein, und Sie werden hier und da immer noch Fehler machen. Aber nach und nach, während Sie mit Hilfe dieses Buchs üben, werden diese Dinge weniger häufig und weniger schwerwiegend sein. Schließlich treten sie kaum noch auf, und Enttäuschungen werden selten. Sie leben in größerer Harmonie mit der Natur und näher an der Quelle. Die wahren Belohnungen und Freuden des Lebens kommen leichter zu Ihnen, weil Sie Zugang zu der universellen Kraft haben, wie wir in den nächsten beiden Kapiteln sehen werden.

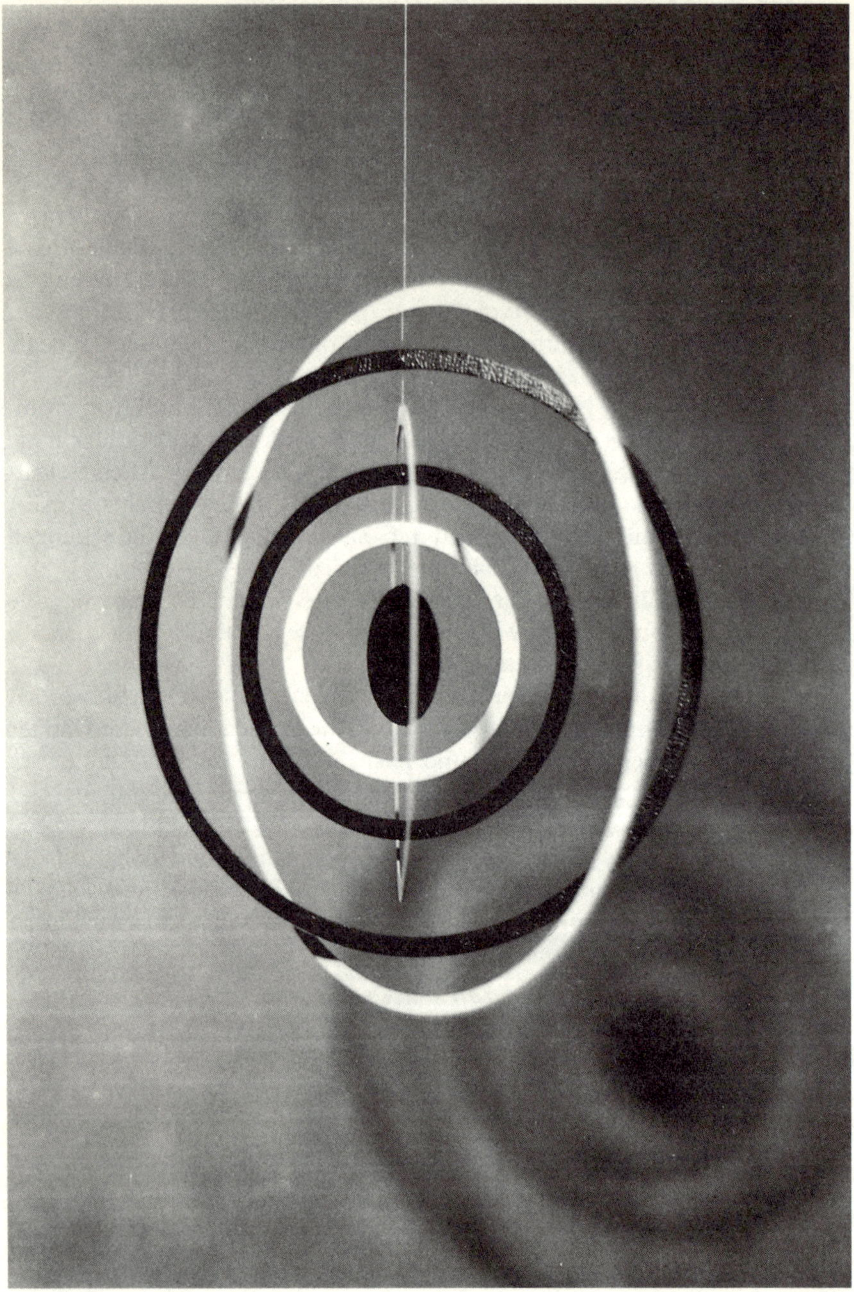

# 2. Das Geheimnis, den Kopf frei zu bekommen

*Leere zu erreichen, ist mein höchstes Ziel. Durch Erhaltung der inneren Ruhe kehre ich zu meinen Wurzeln zurück und erkenne meine wahre Bestimmung.*

Laotse (5. Jh. v. Chr.)

## Ein vollgestopfter Kopf kommt zu den falschen Antworten

Nehmen wir an, Sie haben sich gerade eine Rechenmaschine oder einen Computer gekauft. Sie tragen das Gerät mit großen Erwartungen nach Hause, öffnen das Paket und fangen an, Zahlen einzutippen.
Als erstes versuchen Sie 2 x 2 und erwarten, daß Sie die Zahl 4 auf dem Ergebnisfeld sehen. Aber statt dessen erscheint als Antwort 14. Überrascht versuchen Sie es mit 3 x 3. Das Ergebnis lautet 19.
Das ist aber merkwürdig, denken Sie. Anscheinend funktioniert das Ding nicht richtig. Sie versuchen es noch einmal mit 4 x 4, aber das Ergebnis lautet 26. Tatsächlich, Sie haben ein defektes Gerät gekauft. Ärgerlich gehen Sie wieder in den Laden und verlangen Ihr Geld zurück. Der Verkäufer prüft das Gerät, und siehe da, es funktioniert perfekt. Er erklärt Ihnen, daß Sie vergessen haben, den Speicher zu löschen, bevor Sie mit Ihrer Rechnerei anfingen. Im Speicher war die Ziffer 10, und die wurde bei allen Ihren Ergebnissen dazugezählt. Aus 2 x 2 wurde deshalb 14 statt 4 usw.
Der menschliche Verstand arbeitet auf sehr ähnliche Art und Weise. Er kann nur zu den richtigen Ergebnissen kommen, wenn vorherige unwesentliche Eingaben gelöscht worden sind. Man kann ihn auch mit einer Wandtafel vergleichen, von der man Botschaften und Erklärungen von gestern abwischen muß, bevor man auf ihr neue Ideen demonstrieren kann.
Menschen, die wirklich wissen, wie sie im Alltag „ihren Kopf gebrauchen", sind solche, die auch wissen, wie man sich immer mal wieder entspannt. Immer wenn sie spüren, daß sie sich in sinnlose Spekulationen oder intellektuelle Deutungsversuche verwickeln, wischen sie ihre geistige Schiefertafel sauber und kommen zu den richtigen Antworten. Sie haben einen

Sinn für Ausgeglichenheit und einen Sinn für Humor. Sie können es sich leisten, über sich selbst zu lachen und einen falschen Gedanken aufzugeben, sobald sie ihn als wertlos erkannt haben. Es macht ihnen nichts aus, auf Null zurückzugehen und von vorn anzufangen. Sie erreichen häufig den geistigen Nullzustand, der im letzten Kapitel beschrieben wurde.

Kreative Menschen, Erfinder und erfolgreiche Führungspersönlichkeiten sind sich dessen bewußt; hier ein paar bekannte Beispiele dafür:

*Thomas Edison,* der amerikanische Erfinder, kam häufig auf neue Ideen, nachdem er in einem Sessel in seinem Büro ein Nickerchen gehalten hatte. *Albert Einstein* blieb gern 12 Stunden am Tag im Bett, um im Halbschlaf über wissenschaftliche Probleme nachzudenken. Der Erfinder der Nähmaschine und der Entdecker der Molekularstruktur von Leichtbenzin fanden beide ihre Lösungen, als sie aufwachten und sich an ihre Träume erinnerten.

Was, außer im Bett zu liegen oder ein Nickerchen im Sessel zu machen, können Sie tun, um Ihren Geist wieder zu optimaler Klarheit und zur Spitzenleistung zu führen?

Oft hilft es, wenn man mehr Zeit in der Natur oder zusammen mit Tieren verbringt. Zeiten der Stille an einem ruhigen Platz können dem Geist helfen, seinen Weg zurück zu den wesentlichen Fragen zu finden, statt bei unwesentlichen Einzelheiten zu verweilen.

In fernöstlichen Ländern verbringen manche Menschen Monate, Jahre oder gar Jahrzehnte mit Meditation, wobei sie auf die seltenen Augenblicke der Erleuchtung warten. In den Industrieländern gehen immer mehr Menschen zu Therapeuten. Andere suchen Zuflucht im Alkohol oder bei Drogen in dem verzweifelten Versuch, Entspannung zu finden und mit den Belastungen des Maschinenzeitalters fertig zu werden. Die Methoden sind unterschiedlich, aber sie haben alle dasselbe Ziel: inneren Frieden und Klarheit zu erlangen, das Wesentliche wiederzuentdecken, zurück zur Quelle zu finden.

## *Der Punkt, der den Kopf frei macht*

Wenn Sie immer mal wieder eine einfache Übung machen, können Sie einen Zustand von anhaltender innerer Klarheit schaffen. Zu der Übung gehört, sich bestimmte Bilder vorzustellen. Das ist einfach und angenehm und dauert weniger als 5 Minuten. Der dahinterstehende Gedanke war zwar schon einige Zeit bekannt, wurde aber nie als praktische Anleitung für den Alltag vorgestellt; erst mit dem vorliegenden Buch geschieht das.

Die Methode wurde belegt durch die wissenschaftlichen Entdeckungen eines Professors an der Medizinischen Hochschule von New York, *William H. Bates;* das war in den zwanziger Jahren. Bei der Erforschung verschiedener Aspekte des Sehens entdeckte Dr. Bates, daß Menschen lernen können, ihre Augen zu entspannen, indem sie sich schwarze Buchstaben oder andere schwarze Gegenstände vorstellen. Je schwärzer ein imaginärer Buchstabe erscheint, desto entspannter sind die Augenmuskeln.
Bei der weiteren Erforschung dieses bemerkenswerten Phänomens stellte er fest, daß das schwarze Bild zur Verbesserung des Sehvermögens beitrug. Schließlich stellte sich heraus, daß diese Übung den Menschen half, sich geistig und körperlich zu entspannen, und daß sich ihr Gehör, Geruchssinn, Geschmack und Tastsinn verbesserten.
Aber am meisten überraschte Dr. Bates die Tatsache, daß die regelmäßige Vorstellung von schwarzen Gegenständen wohltuende Wirkung auf alle Aspekte des geistigen und körperlichen Wohlbefindens und auf die Funktionen hatte. Seine Patienten berichteten, daß ihr Denk-, Erinnerungs- und Vorstellungsvermögen viel besser geworden war und daß sie sich insgesamt viel besser fühlten.
Auch Dale Carnegie betont in seinem Buch „Freu Dich des Lebens", daß die Entspannung der Augen zur Lösung von Problemen aller Art führt. Dies wurde durch die Forschungsergebnisse von Dr. Edmund Jacobsen an der University of Chicago bestätigt.
Es scheint, daß die Augen sich vollständig und automatisch entspannen, wenn sie sich vollkommene Schwärze vorstellen. Da die Augen in Wahrheit ein Teil des Gehirns sind, führt vollkommene Schwärze auch zu einer vollkommenen Leere im Gehirn. Aber der Geist schläft in diesem Zustand nicht, er ist immer noch wach und aufmerksam, er konzentriert sich auf den schwarzen Gegenstand, wandert durch ihn hindurch und um ihn herum. Das geeignetste Bild für diesen Zweck ist ein schwarzer Punkt, eine runde, konzentrische Form, die in sich geschlossen ist und entspannte Konzentration symbolisiert.
Vielleicht finden Sie solch einen Punkt beim ersten Hinsehen nicht sonderlich attraktiv. Aber Sie werden bald feststellen, daß sie damit zu besseren Ergebnissen kommen als mit jedem anderen Bild. Er wird Ihr Bezugspunkt werden, Ihr täglicher Führer und Kompaß, Ihr psychologisches Testgerät und Ihr Vehikel zum Erreichen eines subtileren und wirkungsvolleren Geisteszustands. Gleichzeitig wirkt er als Biofeedback, der den Zustand Ihres Geistes widerspiegelt und Sie zur inneren Einheit führt.
Immer wenn Sie in der Lage sind, sich den Punkt ohne Anstrengung und

tiefschwarz vorzustellen, wissen Sie, daß Sie den gewünschten Zustand erreicht haben. Wenn aber der Punkt schwächer wird oder verschwindet, wissen Sie, daß Sie angespannt und durcheinander sind und daß Sie die fünfminütige „Übung mit dem schwarzen Punkt" machen müssen, damit Sie Ihre geistige Mitte wiederfinden.

Der schwarze Punkt symbolisiert Einheit und Ursprung, den Punkt, in dem alles integriert und vereint ist.
Der Punkt wird als Mittel zum Zweck benutzt, er ist nicht Selbstzweck. Seine Dunkelheit ist die Voraussetzung für Licht und Erleuchtung. Er ist ein Sprungbrett, ein Vehikel zum Zustand der inneren Einheit.
Wenn dieser Zustand einmal erreicht ist, wird der Punkt unwichtig, bis er wieder gebraucht wird (was im allgemeinen ziemlich bald der Fall ist).

## *Moderne Wissenschaft bestätigt alte Weisheit*

Die hier umrissene Methode ist auf mancherlei Weise dem „Ein-Punkt-Denken" ähnlich, wie es in bestimmten orientalischen Schriften als eine Errungenschaft höchsten Grades beschrieben wird. Es scheint, als sei Dr. Bates zufällig über dieselbe Grundwahrheit gestolpert, die die alten Indianer, Chinesen, Tibeter und Japaner schon vor Tausenden von Jahren entdeckt haben. Dieses Buch verbindet fernöstliche Weisheit mit moderner Wissenschaft und bietet eine narrensichere Anleitung für die praktische Anwendung im Alltag.
Selbst die Bedeutung jenes Punktes ist seit Tausenden von Jahren bekannt. Orientalische Weise benutzten ihn bei ihren geistigen Üungen als Symbol der inneren Einheit. In alten Sanskrittexten repräsentiert der zentrale Punkt *(bindu)* die fundamentale Quelle, aus der sich alle Formen von Geist und Materie entfalten. Sie ist der Ausgangspunkt, aus dem sich alles entwickelt, aber gleichzeitig auch der Punkt, in dem alles integriert und vereint ist.
Der Punkt hilft den Yogis und Zen-Meistern, den Geist zu sammeln und

die subtilsten Ebenen des Bewußtseins zu erreichen. Sie benutzen ihn als ihren Kompaß, um innere Einheit und Harmonie mit der Energie des Universums zu erreichen. Durch innere Klarheit sind sie befreit von der Verwirrung und Plackerei, die das Leben der meisten Menschen beherrschen. Durch ihre geistigen Konzentrationsübungen haben viele dieser Weisen auch ein perfektes Sehvermögen, sie verfügen über eine mikroskopische und eine teleskopische Sicht. Sie können die Einzelheiten eines Sandkorns so klar erkennen, wie andere einen Felsbrocken sehen, und sie können über einen Fluß hinweg eine Ameise beobachten. Diese Fähigkeiten und andere wunderbare Leistungen gelten als greifbarer Beweis für ihren hochentwickelten Bewußtseinszustand.

Der *zentrale Punkt* symbolisiert innere Einheit. Er stellt die fundamentale Quelle dar, aus der sich alle Formen des Geistes und der Materie entfalten. Er ist der Ausgangspunkt, von dem aus sich alles entwickelt, aber auch der Punkt, in dem alles integriert und vereint ist.

Das *Tai-Chi-Symbol* repräsentiert die kosmische Urkraft Chi. Es ist aus Yang und Yin zusammengesetzt, der männlichen und der weiblichen Hälfte der Schöpfung, die sich gegenseitig brauchen und ergänzen. Es zeigt die Einheit von Gegensätzen wie Tag und Nacht, Geist und Körper, Denken und Fühlen, Seele und Materie, Himmel und Erde.

## Die Quelle aller wahren Reichtümer

Der Punkt hilft Ihnen, sich ohne Anstrengung zu konzentrieren und auf die Mitte einzustellen. Immer wenn Sie in Verbindung mit der Mitte stehen, haben Sie Zugang zu der Quelle aller wahren Reichtümer. Alles, was Sie wirklich brauchen, kommt früher oder später auf geheimnisvollen Wegen zu Ihnen. Das Gefühl innerer Erfüllung verläßt Sie selten. Hin und wieder werden Sie noch Stunden der Verwirrung erleben, aber das beunruhigt Sie

nicht, weil Sie ja wissen, daß Sie Zugang zu der Kraft des Universums haben. Sie fühlen sich sicher in dem Wissen, daß Sie durch den schwarzen Punkt jederzeit den Weg zurück zur Harmonie finden werden.
Die Minuten, die Sie täglich damit verbringen, sich auf die Mitte auszurichten, sind die produktivsten des Tages. Während Sie scheinbar untätig und unproduktiv dasitzen oder -liegen, kristallisieren sich Ihre Gedanken, Pläne und Projekte um Ihr zentrales Ziel. Plötzlich wissen Sie, was Sie als erstes tun und wie Sie dabei vorgehen müssen. Der Tag vor Ihnen ordnet sich zu einem wirkungsvolleren Muster, so daß Sie mit weniger Anstrengung mehr leisten können.
Selbst Ihr Körper funktioniert besser und wird weniger anfällig für Krankheiten. Die Selbstheilungskräfte wirken und fangen an, Anspannungen, Unausgeglichenheiten und Anormales zu korrigieren. Alle Sinne – Sehvermögen, Geruch, Gehör, Geschmack und Tastsinn – werden geschärft. Alle Körperfunktionen, einschließlich Verdauung, Ausscheidung, Kreislauf, Blutdruck, Puls und Atmung, beginnen sich zu normalisieren.
Bei Ihren täglichen Aktivitäten sind Sie seltener erschöpft, weil Geist und Körper gemeinsam auf ein befriedigendes Ziel hinarbeiten. Sie merken das vor allem, wenn Sie einen hektischen Tag am Arbeitsplatz oder im geschäftigen Stadtzentrum verbringen: Sie schaffen mehr Dinge mit weniger Anstrengung, weil der Geist konzentriert ist.
Aber die Erschöpfung setzt sofort ein, wenn Sie Ihre Konzentration verlieren, wenn Ihre Gedanken, Aktionen und Körperbewegungen ziellos werden und sich von der Mitte entfernen. Dann fühlen Sie sich bald ausgelaugt, nicht durch tatsächliche Anstrengung, sondern durch innere Anspannung und Verwirrung. Aber sobald Sie Ihren geistigen Mittelpunkt wiederfinden, entspannen Sie sich, Sie wissen wieder, was zu tun ist, und alles ordnet sich wie von selbst.

## *Der kurze Weg zum Ziel*

Es gibt viele Wege und Pfade zu einem gelassenen Gemütszustand, aber einige sind wirkungsvoller als andere. Vielleicht haben Sie schon den einen oder anderen ausprobiert. Das Ziel ist immer dasselbe, wenn es auch unterschiedliche Bezeichnungen haben kann: Erleuchtung, kosmisches Bewußtsein, Gott-Bewußtsein, allumfassende Liebe, Satori, Samadhi, Harmonie mit der Lebensquelle..., und das Endergebnis ist ein Gefühl innerer Ausgewogenheit und ein harmonischeres geistig-körperliches Funktionieren.

Zu dem Weg in diesen Zustand gehören Zeiten der Stille oder der Einsamkeit, wenn die Harmonie mit dem inneren Selbst und den kosmischen Kräften hergestellt wird. Derartige Praktiken kennt man in allen höherentwickelten Kulturen der Welt (und bei den meisten Natürvölkern), vor allem jedoch in orientalischen Ländern.

Einige dieser Methoden haben sich zu ausgeklügelten Systemen entwickelt, die eine jahrelange Ausbildung, eine spartanische Lebensweise und genauestes Einhalten der Übungen erfordern. Und selbst nach Jahren der Anstrengung kann der Schüler nie sicher sein, daß er das Ziel erreicht.

Tatsächlich geben auch einige der weltberühmten Meister der Meditation zu, daß sie den Augenblick der vollkommenen Erleuchtung nur sehr selten erreichen, vielleicht ein- oder zweimal im Jahr. Andere haben ihn nur einmal im Leben erreicht, und sie haben dann das Gefühl, daß sie dieses dafür qualifiziert, geistige Führer zu werden und anderen das Geheimnis der Geheimnisse zu lehren.

Viele Lehrer, Gurus und Therapeuten haben in der Tat ein persönliches Interesse, den Lernprozeß in die Länge zu ziehen, um die eigene Wichtigkeit und die Abhängigkeit des Schülers zu steigern. Vielleicht sind sie sich dieses Hintergedankens nicht bewußt, aber sie genießen ihre Elternrolle und/oder die materiellen oder anderen Belohnungen.

Die in diesem Buch beschriebene Methode bietet einen kürzeren und leichteren Weg zur inneren Harmonie an. Er funktioniert praktisch bei jedem, der seinen Geist und sein Leben verbessern will. Die Ergebnisse sind innerhalb von Tagen oder Wochen erkennbar, und bei manchen Menschen sind sie ziemlich verblüffend. Es besteht dabei auch kein Grund, das Leben in der realen Welt aufzugeben, den Arbeitsplatz zu verlassen oder einen Meister in den Bergen des Himalaja zu suchen. Zwar kann solch eine Reise nach Fernost eine aufschlußreiche Erfahrung sein, aber sie ist nicht Voraussetzung.

Die Übungen fügen sich leicht in den Alltag von Menschen aller Bereiche, ob es sich nun um Hausfrauen, Büroangestellte, Studenten, Handwerker, Intellektuelle, Bauern, Lehrer, Manager, Rentner oder sonstige Leute handelt.

Dieses Buch kann Unterschiedliches für unterschiedliche Menschen leisten, je nach ihren Bedürfnissen, Wünschen und Lebensbedingungen. Eine Hausfrau stellt vielleicht fest, daß es ihr hilft, im Haus eine bessere

Atmosphäre zu schaffen. Ein Manager kann das Buch dazu benutzen, voranzukommen oder eine befriedigendere Aufgabe zu finden. Ein Wissenschaftler entdeckt vielleicht, daß die Methode ihm dabei hilft, komplizierte, abstrakte Probleme zu lösen. Ein junges Mädchen merkt vielleicht, daß das Buch eine Hilfe dabei ist, eine bessere Beziehung zum Freund aufzubauen. Und wieder andere werden feststellen, daß ihr Leben insgesamt befriedigender und erfreulicher wird.

# 3. Die Kraft geistiger Bilder

*Es reicht nicht, einen guten*
*Geist zu haben;*
*vielmehr kommt es darauf an,*
*ihn gut zu nutzen.*

Descartes (1639)

## Benutzen Sie Ihre Phantasie

Manche Menschen meinen, sie hätten keine Begabung, sich Dinge bildlich vorzustellen, daß diese Fähigkeit sowieso unwichtig ist und daß die Technik mit dem schwarzen Punkt für sie daher nichts sei.
Nichts wäre weiter von der Wahrheit entfernt, wie Sie gleich sehen werden. Ihr Geist ist ungeheuer kreativ. In jeder Minute des Tages läßt er einen ständigen Strom von geistigen Bildern entstehen, und selbst nachts kommt es manchmal zu lebhaften Träumen. Tagsüber können Sie sich in einem Moment an etwas erinnern, und ein Bild aus der Vergangenheit kommt Ihnen in den Kopf. Einen Augenblick später schalten Sie um auf ein Bild von dem, was Sie am nächsten Tag tun wollen. Wenn Sie von einem Ereignis in einem weit entfernten Land hören, beschwört Ihr Geist Bilder von der Gegend und den Menschen dort herauf.
Sie werden auch von Bildern gelenkt, und Sie formen sich Ihre Zunkunft, indem Sie sich deutlich die Dinge und Bedingungen, die Sie sich wünschen, bildlich vorstellen. Und sobald Sie ein Ziel geistig in scharfen Bildern sehen, in allen Einzelheiten und Farben, fangen Sie fast automatisch an, sich in seine Richtung zu bewegen. Menschliche Wesen sind zielorientierte und belohnungsorientierte Organismen, die von geistigen Bildern geleitet werden.
Um etwas Sinnvolles zu leisten, müssen Sie die Kraft Ihrer Phantasie nutzen. Wenn Sie diese Kraft vernachlässigt haben, wenn Ihre geistigen Bilder schwach und unscharf sind, können Sie etwas dagegen unternehmen. Als Kind hatten Sie viel Phantasie, und wenn Sie diese in Jahrzehnten phantasieloser Erziehung oder routinemäßiger Arbeit teilweise verloren haben, können Sie jetzt beginnen, sie wiederzubeleben.
Schließen Sie für einen Moment die Augen und stellen Sie sich einen saftigen,

reifen Pfirsich vor oder eine andere Frucht, die Sie mögen. Lassen Sie Ihr inneres Auge über die runde Form wandern ..........
Dann beißen Sie hinein .......... Beißen Sie noch einmal hinein ..........
Noch einmal. .......... Jetzt fangen Sie an zu kauen .......... Merken Sie, wie sich in Ihrem Mund Speichel sammelt, wie sich die Zunge in Vorfreude zu bewegen beginnt?
Öffnen Sie die Augen wieder. Sie hatten gerade ein Erlebnis, das Ihnen das Wasser im Mund zusammenlaufen ließ, indem Sie einen imaginären Pfirsich aßen. Ihr Geist war beteiligt, Ihr Körper auch. Durch den Einsatz eines starken mentalen Bildes können Sie Ihren Geist, Ihren Körper, sogar Ihren Gesundheitszustand beeinflussen.
Wenn Sie es schwierig fanden, sich den Pfirsich (oder eine andere Frucht) bildlich vorzustellen, dann müssen Sie Ihre Vorstellungskraft in den nächsten Tagen und Wochen trainieren. Machen Sie es sich zur Angewohnheit, Gegenstände in Ihrer Umgebung genau zu betrachten, sich ihre Form, Farbe und Struktur einzuprägen. Dann schließen Sie die Augen und lassen das Bild im Geist wiedererstehen.
Nehmen Sie beispielsweise Ihre linke Hand. Betrachten Sie sie, als hätten Sie sie noch nie gesehen. Merken Sie sich Form, Farbe und Struktur von Haut, Nägeln usw. Jetzt schließen Sie die Augen und stellen sich die Hand mit jeder Einzelheit vor. Was sehen Sie? Machen Sie das noch einmal, mehrmals, bis Sie ein klares, geistiges Bild von Ihrer Hand haben.
Machen Sie dasselbe mit Ihrer Armbanduhr, Ihren Schuhen. Dann gehen Sie über zu Dingen, die Sie nicht mehr direkt vor Augen haben, wie beispielsweise das letzte Frühstück. Was war auf dem Teller, wie schmeckte es, welches Messer haben Sie benutzt? Wer hat mit Ihnen zusammen gefrühstückt? Worüber haben Sie geredet?
Wenn Sie sich erst einmal überzeugt haben, daß diese Dinge durchführbar sind und daß geistige Bilder nicht nur für Künstler und Erfinder da sind, dann werden Sie es leichtfinden, sich Buchstaben, Zahlen und einen schwarzen Punkt vorzustellen. Indem Sie sich einen tiefschwarzen Punkt vorstellen, erreichen Sie automatisch einen Zustand innerer Ruhe und Gelassenheit. Das ist nicht so leicht, wie es klingt, aber wenn Sie sorgfältig den Schritten im nächsten Abschnitt folgen, kommen Sie ans Ziel.
Jetzt wundern Sie sich vielleicht, *warum der Punkt schwarz sein muß.* Warum sollten Sie einen dunklen Gegenstand ansehen, um Erleuchtung zu finden? Wäre es nicht logischer, etwas Strahlendes, Fröhliches zu betrachten? All das wird im nächsten Kapitel diskutiert, auch die Tatsache, daß unsere westliche Kultur eine irrationale Angst vor dem Dunkel hat. Für den

Augenblick nehmen Sie einfach die Tatsache hin, daß Dunkelheit recht wohltuend sein kann und daß sie eine beruhigende und entspannende Wirkung hat, wenn sie in der richtigen geistigen Verfassung eingesetzt wird.
Andere Bilder, wie helles Licht, Blumen, wunderschöne Landschaften oder göttliche Personen, können anregend sein, aber sie lassen den Geist stimuliert zurück, sie erlauben keine totale Entspannung.
Schwarz kann dagegen zu dem entspannten Zustand führen, der Erleuchtung und anhaltende innere Harmonie ermöglicht.
Sie werden auch entdecken, daß die Welt um Sie herum heller und farbiger wirkt, nachdem Sie sich den schwarzen Punkt vorgestellt haben.

## *Lassen Sie Ihre Träume Wirklichkeit werden*

Soviel zu Ihrer Fähigkeit, geistige Bilder zu schaffen und vergangene Ereignisse zurückzurufen. Aber was ist mit Ihrer Fähigkeit, die Zukunft zu sehen?
Das Wort *Vision* wird oft in diesem Sinn benutzt, und Leute mit Visionen sind solche, die die Zukunft sehen und entsprechend handeln. Sie benutzen lebhafte Träume und Pläne, um ihre Zukunft zu gestalten und ihre Ideale Wirklichkeit werden zu lassen.
Ein Mensch mit einem ausgeprägten Vorstellungsvermögen hat oft da Erfolg, wo andere scheitern. In der Tat, im Leben kann ohne farbige Leitbilder nichts erreicht werden. Weder der Geist noch der Körper können ohne sie optimal funktionieren. Selbst bei den belanglosesten Ereignissen des Alltagslebens lassen Sie sich von geistigen Bildern leiten.
Nehmen wir an, Sie sind zu Hause und beschließen, jemanden in der Nachbarschaft zu besuchen. Sofort sehen Sie das Bild der betreffenden Person vor sich. Während Sie den Mantel anziehen, stellen Sie sich den Weg oder die Straße zum Haus des betreffenden Menschen vor usw. Je lebhafter Sie sich Ihre Pläne und Ziele im Geist vorstellen, desto größer ist Ihre Chance, sie Wirklichkeit werden zu lassen. Die Ziele sollten selbstverständlich realistisch sein, und sie sollten sinnvoll sein.
Die sinnvollsten Ideen kommen Ihnen, wenn Ihr Geist entspannt und auf die Mitte gerichtet ist, und das ist auch der Zustand, in dem Sie sich den tiefschwarzen Punkt bildlich vorstellen können.
In diesem entspannten Zustand ist Ihr Geist nicht mehr verwirrt durch

widerstreitende und negative Gefühle wie Sorge, Neid, Schuld, Minderwertigkeit, Bedauern, Groll oder Haß. Sie sehen weniger Probleme und mehr Lösungen. Sie sind mehr in Harmonie mit Ihrem Körper, und Sie lassen es zu, daß Ihr Körper sich selbst repariert und heilt. Sogar Ihre Sehkraft fängt an, sich zu normalisieren.

Die geistigen Bilder, die Sie in diesem Zustand inneren Gleichgewichts produzieren, haben eine geheimnisvolle Neigung, Wirklichkeit zu werden. Wenn Sie gewohnheitsmäßig lebhafte Bilder auf diese Weise benutzen, werden Sie feststellen, daß sich in Ihrem Leben merkwürdige Zufälle ereignen. Bestimmte Dinge und Menschen tauchen oft genau dann auf, wenn Sie sie brauchen. Oder Sie stellen vielleicht fest, daß das, was Sie haben wollten, die ganze Zeit zu Ihrer Verfügung stand, daß Sie es aber vergessen hatten.

In solchen Zufällen steckt nichts Übernatürliches. Sie passieren auf ganz natürliche Weise, wenn Ihr Geist sich still und stetig auf ein sinnvolles Ziel konzentriert. Andere Leute sprechen dabei vielleicht von Glück, aber Sie wissen, daß es sich um das logische Ergebnis von geistiger Konzentration handelt.

## *Wie Sie anfangen*

Durch die Technik mit dem schwarzen Punkt schaffen Sie eine sehr subtile innere Harmonie. Anfangs können Sie diesen Zustand nur erreichen, wenn Sie sorgfältig die passende Zeit und die richtigen Bedingungen wählen. Später lernen Sie, wie Sie die Technik fast immer und überall anwenden können.

Hier ein Beispiel dafür, wir Sie *nicht* anfangen sollten.

> Nach einem hektischen Tag im Büro, im Laden oder in der Werkstatt kämpfen Sie sich durch den dichten Feierabendverkehr nach Hause. Zu Hause haben Sie das Gefühl, daß Sie einen Martini verdient haben oder auch zwei, und dabei sehen Sie die Abendnachrichten im Fernsehen. Dann gehen Sie ins Schlafzimmer und versuchen es mit dem schwarzen Punkt, aber irgendwie können Sie sich nicht auf die Bilder konzentrieren. Jetzt ist das Abendessen fertig, und Sie genießen eine gute, kräftige Mahlzeit mit einem ordentlichen Nachtisch. Sie setzen sich in Ihren Sessel, um den neuesten Krimi zu sehen. Bald ist

Schlafenszeit, und Sie beschließen, es noch einmal mit dem schwarzen Punkt zu versuchen. Sie schließen die Augen und spulen die Übung ab. Aber Sie sehen nur unbestimmte Formen ..., es ist so anstrengend ..., und Sie nicken ein. Was soll's, sagen Sie, nächstes Mal habe ich mehr Glück. Die Sache mit dem schwarzen Punkt klingt sowieso irgendwie merkwürdig, und alle die Versprechungen in diesem Buch sind mit Sicherheit übertrieben.

Jetzt ein Beispiel, wie Sie es richtig anfangen:

Warten Sie einen Sonntag oder einen anderen Tag ab, an dem Sie nicht arbeiten, einen Tag, an dem Sie gut ausgeruht sind. Verbringen Sie eine Stunde allein in einer ruhigen Umgebung, wo Sie nicht von Telefon, Besuchern oder anderen Störungen abgelenkt werden können. Genießen Sie einfach die Stille, und lassen Sie Ihre Gedanken wandern, ohne Radio oder Musik zu hören und ohne etwas Bestimmtes zu tun. Legen Sie einengende Kleidungsstücke wie Krawatte, Gürtel oder Schuhe ab. Tragen Sie etwas Bequemes, beispielsweise einen Bademantel oder eine große Wolldecke. Suchen Sie sich einen gemütlichen Platz für Ihre ersten Sitzungen, machen Sie das Licht soweit wie möglich aus. Bedecken Sie die Augen mit einem weichen, dunklen Tuch oder Schal. Lassen Sie die Menschen in Ihrer Umgebung wissen, daß Sie für etwa eine Stunde allein sein möchten. Wenn nötig, hängen Sie ein Schild „Bitte, nicht stören" außen an die Tür, und legen Sie den Hörer neben das Telefon. Versuchen Sie, Ihre Sitzung auf einen ruhigen Teil des Tages zu legen, etwa früh morgens oder spät abends.

Setzen Sie sich bequem hin, und entspannen Sie alle Körperteile. Sie können sich auch auf ein Bett oder eine bequeme Unterlage legen, aber die meisten Leute werden in der waagerechten Position schläfrig.

Entspannen Sie sich von den Zehen an aufwärts, lockern Sie die Beine, den Bauch, die Schultern, die Arme und Hände, die Gesichtsmuskeln. Ihr Geist kann die Spannung und die starren Gedanken nicht ablegen, solange der Körper noch angespannt ist.

Nehmen Sie eine lockere, aber nicht zusammengesunkene Haltung ein, in der Sie natürlich und spontan atmen können. Sie können auch die *Handflächenposition* wählen, wie sie in Kapitel 9 beschrieben wird; dabei bedecken Sie die Augen mit den Handflächen und setzen die Ellenbogen auf einen Tisch oder eine andere Stütze.

Atmen Sie kräftig aus, damit die Lungen leer werden, dann lassen Sie die Luft von allein wieder hineinströmen. Achten Sie darauf, daß die Atemluft so sauber und frisch wie möglich ist und daß Ihr Körper nicht durch Anregungsmittel oder durch eine schwere Mahlzeit belastet ist. Alle Arten von Drogen verringern Ihre Erfolgsaussichten mit dem schwarzen Punkt, und dazu gehören Alkohol, Aufputschmittel, Beruhigungsmittel, Schlaftabletten.

Wenn Sie die Technik mit dem schwarzen Punkt eine Zeitlang geübt haben, geht Ihr Bedürfnis nach Drogen zurück und verschwindet schließlich ganz. Aber um richtig anzufangen, wählen Sie am besten eine Zeit, in der Ihr Körper ziemlich frei von Giften ist.

## *Den schwarzen Punkt sehen*

Jetzt sind Sie vorbereitet für die praktische Übung.

Sie sitzen bei gedämpftem Licht an einem bequemen Platz, und Ihre Augen sind mit einem dunklen Tuch bedeckt. Sie haben dafür gesorgt, daß Sie nicht gestört werden. Ihre Haltung ist entspannt, weder Arme noch Beine sind verschränkt. Der Atem geht leicht. Sie atmen jeweils ganz aus und lassen dann die frische Luft von selbst hineinströmen. Sie genießen die Ruhe. Gedanken kommen und gehen.

An diesem Punkt sollten Sie normalerweise mit der Übung beginnen. Statt eines Pfirsichs stellen Sie sich ein paar Zahlen und einen schwarzen Punkt vor. Wenn Sie das jetzt zum erstenmal machen, lesen Sie vorher die nächsten Seiten ein- oder zweimal durch, damit Sie wissen, wie die Übung abläuft.

Bevor Sie beginnen, sich den Punkt bildlich vorzustellen, erreichen Sie einen entspannteren Zustand, indem Sie mit der Zahl 5 beginnend rückwärts zählen.

Während Sie sich die Zahl leise vorsagen, stellen Sie sich ihre Form vor. Sie ziehen beispielsweise die runden und geraden Linien der Ziffer 5 nach und wiederholen das Wort „fünf“ langsam beim Ausatmen. Statt auf das Bild zu starren, lassen Sie die (geschlossenen) Augen darüber hinwandern. Statt den Atem anzuhalten, atmen Sie langsam aus, während Sie jede Zahl wiederholen, bis die Lungen wirklich leer sind. Dann lassen Sie die Luft von allein hineinströmen.

Während Sie ausatmen, wiederholen Sie dieselbe Abfolge mit der Ziffer 4 usw. Nachdem Sie so bis 0 gezählt haben, ist Ihr Geist schon ziemlich auf das Wesentliche konzentriert und entspannt.

Dann stellen Sie sich einen grauen Punkt vor, schließlich den schwarzen Punkt. Die ganze Zeit lassen Sie die Augen über die Objekte wandern, und Sie atmen weiterhin spontan. Das ist wichtig, denn Sie können den angestrebten Zustand nicht wirklich erreichen, solange Augen oder Lunge angespannt sind.

Damit die Augen nicht auf den schwarzen Punkt starren, lassen Sie sie hin und wieder zu anderen Objekten wandern, zu der Null oder dem grauen Punkt. Wenn Sie auf diese Weise Ihre Mitte erst einmal gefunden haben, kommen Ihnen nützliche Ideen und Lösungen. Indem Sie sich die Dinge oder Ereignisse, die Sie sich für die nächsten Tage wünschen, in allen Einzelheiten und in Farbe vorstellen, ordnet sich Ihr Leben neu. Indem Sie in Gedanken die Zukunft *proben,* lassen Sie gute Dinge passieren.

Hier die gesamte Abfolge in allen Einzelheiten. Lesen Sie sie mindestens zweimal von Anfang bis Ende durch, damit Sie sie später mit geschlossenen Augen wiederholen können. Sie können sie auch auf Band sprechen.

## *Die Technik mit dem schwarzen Punkt*

*Beim nächsten Ausatmen sehe ich die Zahl 5 vor mir,*
*und ich sage langsam und leise (ohne den Mund zu öffnen) füüüüünf,*
*füüüüünf,*
*während ich in Gedanken mit entspannten Augen die Linien nachziehe,*
*füüüüünf, füüüüünf, füüüüünf . . .*
*Beim nächsten Ausatmen sehe ich die Zahl 4,*
*und ich sage leise viiiier, viiiier, viiiier,*
*während meine Augen leicht und behutsam die Linien nachziehen,*
*viiiier, viiiier, viiiier,*
*bis meine Lungen wirklich leer sind,*
*viiiiier, viiiier, viiiier, viiiier,*
*und die Luft strömt von allein wieder hinein.*
*Nun stelle ich mir die Zahl 3 vor*
*und sage leise dreiiii, dreiiii, dreiiii,*
*während ich den runden Linien folge,*
*dreiiii, dreiiii, dreiiii,*

(Anmerkung: Jedesmal, wenn Sie leise eine Zahl sagen, dehnen Sie sie beim Ausatmen auf etwa 3 Sekunden aus: füüüüünf, füüüüünf, füüüüünf – in einem einzigen langen Atemzug.)

*bis die Lungen ganz leer sind,*
*dreiiii, dreiiii, dreiiii,*
*und die Luft strömt von allein wieder hinein ...*
*Dann sehe ich die Zahl 2 deutlich vor mir,*
*und ich sage leise zweiiii, zweiiii,*
*während meine Augen leicht über die Linien wandern,*
*zweiiii, zweiiii, zweiiii,*
*dabei atme ich die ganze Zeit aus,*
*zweiiii, zweiiii, zweiiii,*
*bis die Lungen wirklich leer sind*
*und die Luft von allein wieder hineinströmt.*
*Jetzt erscheint die Zahl 1 vor mir,*
*und ich sage eiiiins, eiiiins, eiiiins,*
*während meine Augen über die Ziffer wandern,*
*eiiiins, eiiiins, eiiiins,*
*dabei stoße ich die ganze Zeit langsam die Luft aus.*
*Schließlich sehe ich die Null,*
*und meine Augen folgen der runden Form,*
*während ich nuuuull, nuuuull, nuuuull sage,*
*und dabei atme ich die ganze Zeit aus,*
*nuuuull, nuuuull, nuuuull.*

An diesem Punkt habe ich eine Ebene erreicht, auf der mein Geist und mein Körper mehr auf die Mitte ausgerichtet und entspannter sind, auf der sie subtiler und wirksamer funktionieren.

(Anmerkung: Im folgenden Text bedeutet jeder Punkt 1 Sekunde. 6 Punkte bedeuten eine Pause von 6 Sekunden.)

*Ich stelle mir jetzt wieder die Null vor,*
*und diesmal sehe ich einen grauen Punkt,*
*rechts daneben, etwas kleiner. ...*
*Ich sehe die Form des grauen Punkts genau.*
*Etwas weiter rechts sehe ich noch einen Punkt,*
*und dieser ist vollkommen schwarz. ...*
*Meine Augen wandern über die runde Form und nehmen die schwarze Farbe wahr ...*
*so schwarz wie Druckerschwärze. ...*
*Ich nehme einen imaginären Pinsel oder Filzschreiber und male den Punkt noch schwärzer an, vor einem weißen Hintergrund. ...*

*Ich sehe das tiefe, kräftige Schwarz im Gegensatz zu dem grauen Punkt links. ...*
*Während ich mich immer mehr entspanne, wird der Punkt sogar noch schwärzer. ...*
*Hin und wieder wandern meine Augen zum grauen Punkt und zu der Null. ...*
*Und zurück zu dem schwarzen Punkt, der sich in tiefstem Schwarz hervorhebt. ...*
*Hier und da kommen mir blitzartig Ideen in den Kopf,*
*viele davon nützlich und sinnvoll und erinnerungswürdig. ...*
*Ich finde plötzlich Lösungen für vergangene, gegenwärtige und zukünftige Probleme ...*
*während meine Augen immer wieder zu dem schwarzen Punkt zurückkehren.*
*Plötzlich werden mir die Dinge bewußt, die ich eigentlich tun sollte,*
*die Dinge, die genau jetzt am wichtigsten für mich sind,*
*und ich weiß, wie ich sie ausführen kann.*
*Diese Szenen, Ideen und Lösungen stelle ich mir rechts von dem schwarzen Punkt bildlich vor. ...*
*Ich spiele die Dinge durch und „probe" die Szenen, von denen ich möchte, daß sie geschehen. ...*
*Regelmäßig wandern meine Augen zum Schwarz zurück, wo ich tiefe Entspannung und innere Einheit finde. ...*
*Mehr Ideen und Lösungen kommen mir in den Sinn. ...*

*Jetzt sehe ich eine andere Szene:*
*Ich durchlebe noch einmal kurz die Höhepunkte des vergangenen Tages mit seinen Herausforderungen und Freuden. ...*
*Dann blicke ich auf den kommenden Tag. ...*
*Ich sehe, wie ich mit innerer Harmonie funktioniere und wünschenswerte Ziele erreiche. ...*
*Ich stelle mir diese Szenen in Farbe und in Einzelheiten vor,*
*mit klaren Bildern von den beteiligten Menschen,*
*und ich stelle mir vor, wie das Erwünschte zustande kommt. ...*
*Diese Szenen umgibt eine Art von Glanz oder Strahlen,*
*sie sind in Licht getaucht. ...*
*So probe ich, wie der kommende Tag sich entwickelt,*
*wie ich Antworten finde und praktische Schritte unternehme. ...*

5

4

3

2

1

0 

Diese Szenen sind das wahre Ziel der Übung, und der schwarze Punkt ist nur ein Sprungbrett. Indem Sie klare geistige Bilder aufbauen und Prioritäten setzen, bauen Sie die Szenerie für einen glücklichen, erfolgreichen Tag auf.
Verweilen Sie daher nicht auf dem Punkt, nachdem er seine Funktion erfüllt hat, denn dann würden Sie in einen eingeengten, melancholischen Geisteszustand geraten.
Der Punkt hilft Ihnen bei der Entspannung, aber Entspannung ist nicht das Ziel des Lebens.

Dieses ist mehr oder weniger die Abfolge, an die Sie sich in den kommenden Wochen ein- oder zweimal täglich halten sollten. Nach ein paar Tagen wird die Übung ganz selbstverständlich, und alles hat seine Ordnung.

Es ist nicht erforderlich, daß beim erstenmal alles richtig läuft. Schon das Zählen von 5 bis 0 wird Sie nahe an den erwünschten Zustand heranbringen, und vielleicht wäre es ganz gut, in der 1. Woche nur mit den Zahlen zu üben. Nach etwa 1 Jahr können Sie so weit sein, daß Sie sich den Punkt vorstellen können, ohne daß Sie vorher zählen müssen.
Wenn es Ihnen zu langweilig wird, jeden Tag dieselben Zahlen aufzusagen, können Sie statt dessen Buchstaben nehmen. Passende Wörter mit 5 Buchstaben wären RUHIG, MITTE oder LÖSEN. Wenn Sie sich entschließen, an einem Tag mal das Wort RUHIG zu benutzen, würde die Abfolge so verlaufen:

> *Beim nächsten Ausatmen sehe ich den Buchstaben R vor mir ...*
> *und ich sage langsam und leise (ohne den Mund zu öffnen) errrr, errrr, errrr,*
> *während ich in Gedanken mit entspannten Augen die Linien nachziehe. ...*
> *errrr, errrr, errrr die ganze Zeit ausatmen,*
> *bis die Luft von allein wieder hereinströmt.*
> *Beim nächsten Ausatmen sehe ich den Buchstaben U,*
> *und ich sage leise uuuuu, uuuuu, uuuuu ...*
> *während meine entspannten Augen die Linien nachziehen ...*
> *uuuuu, uuuuu, uuuuu,*
> *bis meine Lungen wirklich leer sind und die Luft von allein hereinströmt.*

5 R M L

4 U I Ö

3 H T S

2 I T E

1 G E N

0 

*Nun stelle ich mir den Buchstaben H vor,*
*und ich sage leise haaaa, haaaa, haaaa ...*
*während ich den Linien folge ...*
*haaaa, haaaa, bis die Lungen ganz leer sind ...*
*haaaa, haaaa, haaaa,*
*und die Luft strömt von allein wieder herein.*
*Dann sehe ich den Buchstaben I deutlich vor mir,*
*und ich sage leise iiiii, iiiii, iiiii ...*
*während meine Augen leicht der Linie folgen ...*
*iiiii, iiiii, iiiii,*
*bis die Luft wieder hereinströmt.*
*Am Ende erscheint das G vor mir,*
*und ich sage ... geeee, geeee, geeee,*
*während meine Augen über diesen Buchstaben wandern ...*
*geeee, geeee, geeee,*
*und die ganze Zeit atme ich aus.*
*Mit dem nächsten Ausatmen sehe ich die Null vor mir,*
*und ich sage nuuuuull, nuuuuull, nuuuuull ...*
*während meine Augen leicht über die Rundungen wandern ...*
*nuuuuull, nuuuuull,*
*bis die Lungen leer sind und die Luft hineinströmt.*
*Nun stelle ich mir die Null noch einmal vor,*
*und diesmal sehe ich rechts davon einen grauen Punkt.*
*Ich sehe klar die runde Form ...*

(Jetzt machen Sie diese Übung genauso weiter wie mit den Zahlen.)

Zahlen und Buchstaben eignen sich am besten für die Übung, denn mit ihren Formen sind Sie vollkommen vertraut, Sie haben sie Ihr ganzes Leben lang Tausende von Malen gesehen. Sie können sich leicht an sie erinnern und sie sich bildlich vorstellen. Anders als die meisten Formen, die Sie um sich herum sehen, sind Buchstaben und Zahlen auch schwarz und genau definiert, und Augen und Geist können sich leicht auf sie konzentrieren.
Die Übung mit dem schwarzen Punkt mag einfach wirken, aber sie ist ziemlich kompliziert und muß auf die genau richtige Weise ausgeführt werden. Sie funktioniert nicht, wenn Sie sie nicht in jeder Einzelheit korrekt durchziehen. Wenn Sie beispielsweise vergessen, die ganze Zeit auch wirklich auszuatmen, werden Ihre Aussichten auf Erfolg sehr eingeschränkt.

Wie alle Meditationslehrer wissen, werden Leiden, Unglücklichsein und Leistungsunfähigkeit immer begleitet von:

a) einem Fehlen des geistigen Zentrums, wenn geistige Energien verschwendet und nicht auf die gegenwärtige Aktivität oder ein vernünftiges Ziel gerichtet werden;
b) hektischer, oberflächlicher Atmung aus der Brust statt aus dem Bauch;
c) überflüssiger Spannung des Geist-Körpers, häufig auftretender Erschöpfung;
d) Denken mit dem Kopf statt aus der Mitte, wobei es zu kopflastigen Körperbewegungen kommt.

Die Übung mit dem schwarzen Punkt hat zum Ziel, alle diese Unausgeglichenheiten gleichzeitig zu normalisieren, und das innerhalb von Minuten.

## *Üben in den folgenden Tagen*

Die geistigen Bilder, die Sie gerade geschaffen haben, führen zu anhaltenden wohltuenden Veränderungen in Ihrem Leben, oft auf ganz unerwartete Weise. Sie helfen Ihnen, das Leben zu genießen und Ihre Ziele zu erreichen. Selbst wenn der Punkt anfangs nur grau wirkt oder wenn Sie nur den Umriß eines Punkts sehen, kommen Sie näher an einen konzentrierteren und wirkungsvolleren Zustand Ihres Geistes heran. Alle Arten von Streß, Spannungen, Schmerzen und Problemen verschwinden spontan, wenn Sie den Punkt in tiefstem Schwarz sehen.
Es wird Ihnen schwerfallen, all das zu glauben, bis Sie es zum erstenmal wirklich selbst erfahren. Wenn Sie den Punkt am Ende etwa 10 Sekunden lang tiefschwarz sehen, dann erleben Sie ein vollkommenes, kribbelndes Glück ohne alle Konflikte oder Probleme. Objektiv gesehen sind die Probleme vielleicht noch vorhanden, aber Sie wissen, wie Sie mit ihnen fertig werden. Sie sind erhaben über Zweifel, Bedauern und Sorgen. Ihre Gedanken befinden sich in Harmonie mit Ihren Gefühlen. Ihr Geist steht im Einklang mit Ihrem Körper, und starke Heilkräfte werden wirksam.
Die Lösungen für scheinbar hoffnungslose Probleme kommen Ihnen blitzartig in den Kopf. Ihr Denken konzentriert sich leichter auf die Wurzeln der Probleme. Sie wissen, wie man Entwicklungen in ihren subtilen Anfängen beeinflußt, statt später mit Kraft heranzugehen.

Nach der Übung werden Sie dann gern aufstehen und Ihre neuen Ideen und Lösungen in die Praxis umsetzen. Aber ein paar Stunden später - im Verlauf des Tages - verlieren Sie vielleicht wieder einen Teil Ihrer inneren Ausgeglichenheit, dann werden Sie sich den schwarzen Punkt erneut vorstellen wollen, um Ihre Mitte wiederzufinden und so weiter.

> Nach ein paar Monaten werden Sie in der Lage sein, den Punkt fast zu jeder Zeit zu sehen, wenn Sie die Augen schließen.

Am Anfang kommen Sie zu den besten Ergebnissen, wenn Sie in einem abgedunkelten Raum mit geschlossenen Augen üben. Die Übung ist so einfach und angenehm, daß Sie sie immer wieder machen möchten.

## *Der Punkt als Kompaß im Alltagsleben*

Von nun an können Sie den Punkt als Bezugspunkt im Alltagsleben benutzen. Wann immer Sie nicht im Einklang mit sich selbst sind, nehmen Sie sich einige Minuten Zeit, um die Übung zu machen, und das Gefühl der inneren Harmonie wird sich wieder einstellen.

Die Atmung ist plötzlich tiefer und spontaner.

Ihre Wirbelsäule streckt sich automatisch.

Ihr Kopf balanciert leicht oben auf der Wirbelsäule, statt sich nach vorn zu neigen.

Ihre Körperbewegungen kommen aus dem Schwerpunkt in der Nähe der Hüften, nicht nervös aus Schultern oder Kopf.

Ohne daß Sie sich bewußt anstrengen, werden das Gehen und andere Alltagsaktivitäten zu angenehmen Erlebnissen, da Ihr Körper und Ihr Geist sich in Harmonie bewegen. Ihre Stimme klingt voller und entspannt. Auch Ihre Augen sind entspannt, sie blicken nicht starr, sie bewegen sich leicht und anstrengungslos um und über die Dinge, die Sie im Augenblick am meisten interessieren.

Nutzlose Gedanken und negative Gefühle verschwinden, wenn Sie Ihre Aufmerksamkeit auf die wesentlichen Aspekte Ihres Lebens hier und jetzt richten, auf die Dinge, die heute erledigt werden sollten.

Sie sind nicht länger abhängig von Alkohol, Nikotin, Koffein, Beruhigungsmitteln und anderen Schnellstraßen zum Glück, weil Sie jetzt Zugang zur wahren inneren Harmonie haben. Sie werden fast nie Bedauern über vergangene Fehler empfinden, Sie werden nichts beklagen, was sich nicht mehr ändern läßt, und Sie machen sich keine allzu großen Sorgen um die Zukunft, da Sie sich auf sie vorbereitet fühlen.

Immer wenn Sie den Punkt in tiefstem Schwarz sehen, bemerken Sie, daß Gefühle wie Selbstmitleid, Selbstverachtung, Neid oder Haß Zeitverschwendung sind. Sie machen sich keine Sorgen um Zustände, die außerhalb Ihres Einflusses liegen.

Statt dessen machen Sie hier und jetzt das Beste aus Ihrem Leben. Sie sind dankbar für die Segnungen, die Sie genießen, und teilen sie mit anderen. Sie finden, daß es eine Quelle der Freude ist, andere Menschen glücklich zu machen. Ihr Denken und Handeln wird sachbezogener, sinnvoller und wirkungsvoller. All das geschieht automatisch, ohne bewußte Anstrengung Ihrerseits, wenn Sie sich den schwarzen Punkt vorstellen oder sich an ihn erinnern.

*Hier noch einmal die Botschaft in Kurzfassung:*

Sie fühlen sich schlecht, wenn Geist und Augen verspannt und verwirrt sind.

Aber Sie sind glücklich und erreichen mehr im Leben, sobald Ihr Geist-Körper entspannt und gleichzeitig auf einen Punkt ausgerichtet ist.

Das schlägt nie fehl, und die Entscheidung liegt von nun an bei Ihnen, weil Sie jetzt über den schwarzen Punkt Bescheid wissen. Schritt für Schritt, Tag für Tag können Sie anfangen, Ihre alten Gewohnheiten aufzugeben und ein glücklicheres Leben zu genießen.

## *Ein praktischer Hinweis:*

Während der ersten Wochen und Monate werden Sie dazu neigen, im Laufe des Tages wieder in Ihre alten Spannungen zu verfallen. Ihr Geist wird in verschiedene verspannte Gedanken und Ideen wie in Trance verwickelt sein. Hin und wieder werden Sie aufwachen und merken, daß Ihnen Ihre Mitte verlorengegangen ist.

Eine Möglichkeit, das zu vermeiden, ist eine dieser billigen Digitaluhren, die jede Stunde einen kurzen Piepton abgeben. Wenn Sie diesen Ton hören, werden Sie sich fragen: „Sind meine Augen entspannt? Ist auch mein Nacken entspannt? Balanciert mein Kopf leicht oben auf der Wirbelsäule?“

Häufig werden Sie sich dabei erwischen, daß Sie sich anspannen, daß Sie versuchen, Ihre Augen zum Sehen und den Kopf zum Denken zu zwingen. Sobald Ihnen das klar wird, entspannt sich Ihr Geist-Körper, Sie kehren zur Normalität zurück und funktionieren wieder wirksam und fröhlich.

# 4. Fragen und Antworten

*Menschliches Glück ergibt sich nicht*
*so sehr aus den seltenen großen Gaben*
*eines gütigen Schicksals,*
*sondern durch die kleinen Fortschritte,*
*die jeden Tag vorkommen.*

Benjamin Franklin (1791)

Sie haben jetzt einige praktische Erfahrung mit dem Punkt gesammelt und sind auf dem Weg. Im Anfangsstadium tasten Sie vielleicht etwas im dunkeln und fragen sich manchmal, ob Sie auf der richtigen Spur sind. Hier folgen einige Fragen, die auftauchen können, und die Antworten darauf.

***Wie weiß ich, daß ich den Zustand erreicht habe, von dem Sie sprechen?***

Die Erfahrung ist so intensiv und unmißverständlich, daß sie wirklich niemandem entgehen kann. Eine Welle der Freude und Harmonie durchflutet Körper und Geist, sobald Sie den Punkt vollkommen und tiefschwarz sehen. Es kann sein, daß Sie ein Prickeln an der Wirbelsäule spüren. Ihr Herz singt, und Ihnen ist vielleicht auch nach Singen zumute. Sie fühlen sich plötzlich befreit von Zwängen und Zweifeln, Ihre Atmung normalisiert sich nach einem anfänglichen Seufzer der Erleichterung.
Dabei handelt es sich nicht um eine reine intellektuelle Erkenntnis, sondern um eine sinnliche Geist-Körper-Erfahrung, die schwer zu beschreiben ist. Wenn Sie den Punkt in tiefstem Schwarz sehen, fühlen Sie sich plötzlich rundherum gut, und jeder Nerv, jeder Muskel sagt Ihnen, daß Sie einen Zustand der Harmonie erreicht haben.

Sie fühlen sich leichter, als ob Ihr Körper schwebt, und Ihr Geist wird buchstäblich von einem Gewicht befreit. Es kann sein, daß ein spontanes Lächeln auf Ihrem Gesicht erscheint. Ihre Augen entspannen sich, sie erholen sich von den Belastungen des Tages. Wenn Sie die Augen öffnen, sieht die Welt heller und klarer aus als vorher.
In Ihrem täglichen Leben kommt es Ihnen dann vielleicht vor, als ob Sie auf Wolken gingen. Ihr Körper bewegt sich mit weniger Anstrengung, er scheint gut koordiniert und auf die Mitte ausgerichtet zu sein. Ihr Verstand scheint flinker und wirkungsvoller zu arbeiten; er steht stärker in Kontakt mit der Wirklichkeit. Plötzliche Einsichten, Antworten und Lösungen sprudeln aus einer inneren kreativen Quelle hervor. Gleichzeitig stören Sie Veränderungen, Herausforderungen und Notfälle weniger. Sie haben das Gefühl, daß grundsätzlich alles in Ordnung ist und daß Sie sich leicht um die Einzelheiten kümmern können. Sie fühlen sich in der Welt mehr zu Hause.

***Ich habe die Übung jetzt seit ein paar Tagen gemacht, aber ich kann mir den schwarzen Punkt nicht bildlich vorstellen. Was soll ich tun?***

Manchen Menschen gelingt es schneller als anderen, das hängt von der Ausgangsposition ab. Wenn Sie seit langer Zeit ständig angespannt sind, können Sie nicht erwarten, daß sich das innerhalb von Tagen oder Wochen ändert. Sie werden einige Zeit brauchen, um zur Normalität zurückzukehren. Machen Sie einfach die Übung weiter in dem sicheren Wissen, daß Sie der angestrebten inneren Harmonie langsam näherkommen.
Sie sind sich dessen vielleicht nicht bewußt, aber in Ihrem Nervensystem finden subtile Veränderungen statt, und der Prozeß, Ihren Geist-Körper auf die Mitte auszurichten, braucht Geduld und Übung.
Wenn Sie jetzt gerade unter schwierigen Bedingungen leben, müssen Sie die Übung vielleicht mehr als zweimal täglich machen. Vor allem, wenn Sie krank oder erschöpft sind, braucht Ihr Körper vielleicht einige Zeit für die Erholung. Auch Ihr Nervensystem kann Zeit benötigen, um sich zu normalisieren.
Zwar wird Ihnen das Buch dabei helfen, aber Sie können auch selbst günstige Bedingungen schaffen, indem Sie einige grundlegende Gewohnheiten oder Denkmuster verändern. Vielleicht sollten Sie zu einer natürlicheren Lebensweise übergehen, mit gesünderer Ernährung, weniger geistigem und körperlichem Streß und weniger Vertrauen auf chemische Krücken wie Beruhigungsmittel und Aufputschtabletten, Drogen, Alkohol, Nikotin und Medikamen-

te. Sie werden entdecken, daß diese Dinge Sie auf lange Sicht nur behindern bei der Suche nach echtem und anhaltendem Glück.
In Teil II dieses Buchs finden Sie weitere Einzelheiten über die Beziehung Geist-Körper. Wenn Sie die Schwachpunkte in Ihrer gegenwärtigen Einstellung abbauen, werden Sie es bald einfach finden, sich den Punkt in tiefstem Schwarz vorzustellen.

***Anfangs hatte ich gute Ergebnisse mit dem Punkt, aber jetzt habe ich meine Zweifel darüber***

Sobald Sie die ersten Ergebnisse sehen, loben Sie das Buch, und Sie denken vielleicht, daß es alle Ihre Probleme für immer löst, daß es Ihnen zu unbegrenzter Energie und Kraft verhilft.
Wenn Sie zu viel erwarten, werden Sie jedoch nachlässig und laden die Enttäuschungen geradezu ein, und Sie sind nicht auf entmutigende Ereignisse vorbereitet. Aber auch mit dem schwarzen Punkt hat das Leben seine Höhen und Tiefen.
Am Anfang müssen Ihnen einfach hin und wieder Zweifel an der Methode kommen. Manchmal werden Sie sich sagen: „Es scheint alles in Ordnung zu sein, aber das Problem, das ich jetzt gerade habe, kann die Methode doch niemals lösen.“ Oder: „Die Methode hilft mir, praktische Antworten zu finden, aber wie kann sie ein Problem lösen, das in meine Kindheit zurückreicht?“
Rechnen Sie damit, daß hin und wieder diese oder ähnliche Zweifel auftreten, vor allem am Anfang. Sie können erst verschwinden, wenn Sie die Methode immer wieder in verschiedenen Situationen ausprobiert und getestet haben. Selbst wenn Sie wochenlang oder gar monatelang geübt haben, werden Sie manchmal Ihre Zweifel an der ganzen Sache haben, und das ist nur natürlich. Aber nach und nach werden Sie sich selbst überzeugen, daß die Methode funktioniert.
Sie werden beispielsweise feststellen, daß Ihre Beziehung zu einem bestimmten Menschen besser geworden ist. Einen Tag später sind Sie vielleicht überrascht, daß ein Problem, das Sie seit Jahren beschäftigt hat, auf geheimnisvolle Weise verschwunden ist. Oder Sie merken, daß Ihre Gesundheit besser wird, daß Ihre Wahrnehmung klarer ist oder daß Sie bei Ihren Alltagsaktivitäten zu mehr Ergebnissen kommen.
Solche Dinge passieren, ob Sie an die Methode glauben oder nicht. Versuchen Sie nicht, blind auf das Buch zu vertrauen. Die Ergebnisse stellen

sich von selbst ein, einfach weil Sie beginnen, auf einer tieferen und kreativeren Ebene zu funktionieren.
Die Methode ist erprobt; sie funktioniert bei Ihnen, wie sie es bei anderen Menschen tut. Sie hält wissenschaftlichen Maßstäben stand, weil sie unter den unterschiedlichsten Bedingungen mit Menschen aus allen möglichen Lebensbereichen und aus vielen verschiedenen Ländern immer wieder getestet wurde.
Die Ergebnisse sind manchmal dramatisch, in anderen Fällen weniger offensichtlich. Aber am Ende hat jeder Vorteile, das hängt von den jeweiligen speziellen Umständen ab. Manche Menschen möchten ihr Leben ganz allgemein verbessern, während andere spezielle Probleme lösen möchten, etwa Schlaflosigkeit, Unfähigkeit zur Konzentration, Freßsucht, Ärger am Arbeitsplatz, Abhängigkeit von Nikotin, Alkohol, Drogen oder Medikamenten, schlechtes Gedächtnis, schlechtes Sehen, Eheprobleme und ähnliches.

***Wie kann ich sicher sein, daß der Punkt die Probleme wirklich löst? Vielleicht lenkt der Punkt meine Aufmerksamkeit nur ab und beruhigt meine Nerven nur für eine gewisse Zeit***

Wenn Sie den Punkt in tiefstem Schwarz sehen, wird Ihre gesamte innere Welt neu geordnet. Überholte Denkmuster lösen sich auf, einfach weil Ihr Geist sich entspannt und sich dann normalisiert. Sie fangen an, auf einer harmonischeren Bewußtseinsebene zu funktionieren, auf der Sie merken, daß die meisten Ihrer Probleme selbstgemacht sind und daß Sie die anderen Probleme durchaus lösen können, wenn Sie richtig an sie herangehen.
Das ist kein hypnotischer Trick oder ein Versuch, Ihre Aufmerksamkeit von dem Konflikt abzulenken. Es handelt sich um einen kreativen Prozeß, der Ihr Denken und Handeln neu ordnet, der Ihre innere und äußere Welt neu formt. Aber das erkennen Sie vielleicht erst, nachdem Sie mehrere Monate ständig geübt haben und die Kunst beherrschen, den tiefschwarzen Punkt fast jederzeit zu sehen.
Sie werden erstaunt sein, wenn Sie entdecken, wie gut Ihr Geist (und Körper) funktioniert, wenn er zweimal am Tag von verwirrenden Daten, bedeutungslosen Gefühlen und unrealistischen Ideen gesäubert wird. Der schwarze Punkt steigert Ihre Fähigkeit, Probleme zu lösen, um das Hundertfache.
99 Probleme bleiben ungelöst, solange Sie das Problem Nummer eins nicht gelöst haben: Ihre angespannten und verwirrten Denkmuster.

Wenn Ihr Denken sich bei der Übung mit dem schwarzen Punkt auf die Mitte ausrichtet, verschwinden praktisch alle Hindernisse oder sind leichter zu handhaben. Plötzlich fühlen Sie, daß Sie Ihre Mitte wiedergefunden haben, daß Ihre Ausgeglichenheit wiederhergestellt ist und daß die meisten der verbliebenen Einzelheiten sich von allein lösen.
Sie fühlen sich wie der Pilot im Flugzeug, der wieder auf dem Radarstrahl ist, nachdem er sich in den Wolken verirrt hatte. Oder Sie kommen sich vor wie der Kapitän auf dem Schiff, der den Polarstern wiedergefunden hat, den er für die sichere Navigation unbedingt braucht.

***Kann der Punkt mir helfen, meine schlechten Stimmungen und Depressionen zu überwinden?***

Jeder Mensch fühlt sich hin und wieder unglücklich. Aber wenn Sie von solchen Gefühlen über längere Zeit hin überwältigt werden, dann ist das ein Zeichen dafür, daß Sie in Ihrer Einstellung die Mitte verloren haben. Das bedeutet, daß Sie die Dinge falsch angehen. Sie bekommen die falschen Antworten, weil Sie die falschen Fragen stellen. Ihr Denken und Handeln ist vom Kurs abgekommen; es ist entweder nutzlos oder unrealistisch. Manche Gedanken mögen auch vollkommen unnötig sein.
Leider können Sie das nicht so ohne weiteres erkennen, solange Ihr Denken noch angespannt und verwirrt ist – was fast immer der Fall ist, wenn Sie unglücklich und deprimiert sind. Aber sobald Sie mit den Übungen mit dem schwarzen Punkt beginnen, sehen Sie Licht und wissen, was Sie tun müssen. Sie entspannen sich und finden dann auch Ihre Mitte wieder. Sie sehen Ihr Leben in einer neuen Perspektive und geben die nutzlosen Denkmuster und überflüssigen Aktivitäten auf, durch die Sie sich elend fühlten.
Wieder einmal entdecken Sie die eiserne Regel: Unglücklichsein tritt zusammen mit Verwirrung und Spannung auf, und es verschwindet, sobald Sie sich entspannen und Ihre Lebensmitte finden.
Depressionen werden nicht eigentlich durch vergangene Ereignisse, gegenwärtige Umstände oder durch besorgniserregende zukünftige Entwicklungen hervorgerufen. Diese Dinge werden von einem verwirrten Geist nur als Vorwand und Ausrede benutzt. Der wahre Grund – welcher es im Einzelfall auch sein mag – wird deutlich, wenn Sie den Punkt in seiner totalen Schwärze sehen. In dem Moment haben Sie das Unkraut mit der Wurzel herausgerissen, und Ihre schlechte Laune oder Depression verschwindet.
Wenn Sie diese Erfahrung mehrfach gemacht haben, werden Sie ein neues

Gefühl des Selbstvertrauens entwickeln. Sie werden nicht länger der Gnade der Umstände oder irrationalen Gefühlen ausgesetzt sein, und Sie nehmen Ihr Leben entschlossener in die Hand.

***Kann der Punkt mir helfen, die Dinge zu bekommen, die ich brauche, etwa Geld, ein neues Auto oder eine neue Liebe?***

Der Punkt hilft Ihnen, die richtigen Prioritäten zu setzen. Wenn Sie den Punkt in seiner absoluten Schwärze sehen, wissen Sie sofort, was Sie im Augenblick wirklich brauchen und was Sie dafür tun müssen. Diese blitzartige Erkenntnis wird sich oft von den Gedanken und Wünschen unterscheiden, die Sie hatten, als Ihr Denken verwirrt und nicht auf die Mitte ausgerichtet war (was oft der Fall ist).
Auf dieser verwirrten Ebene können Sie beispielsweise das Gefühl haben, daß Geldmangel die Wurzel Ihres gegenwärtigen Unglücks ist. Aber sobald Sie Ihre Mitte finden und den Punkt sehen, entdecken Sie vielleicht (oder auch nicht), daß die wahre Lösung für Ihr Problem ganz woanders liegt. Andererseits kann der Punkt auch bestätigen, daß Sie Geld brauchen, und Ihnen einen Weg zeigen, wie Sie darankommen.
Sie erhalten die besten Ergebnisse mit dem Punkt, wenn Sie mit offenem Geist herangehen, ohne vorgefaßte Ideen oder enge Konzepte. Lassen Sie sich einfach von dem Punkt sagen, wo Ihre wahren Bedürfnisse liegen und wie Sie sie erfüllen können. Bleiben Sie sicher in dem Wissen, daß der Punkt Ihnen den kürzesten Weg zu Ihrem Ziel des wahren Glücks zeigen wird. Jedesmal wenn Sie den Punkt sehen, wird er Sie mit verschiedenen Einsichten, Lösungen und Entdeckungen überraschen. Jedesmal wird er enthüllen, welche Aspekte Ihres Lebens und Ihrer Möglichkeiten Sie vernachlässigen und in welchen Bereichen Sie die reichste Ernte einfahren können.

***Kann ich den Punkt gegen meine Feinde einsetzen, um sie zu verletzen oder ihre Pläne zu durchkreuzen?***

Sie werden feststellen, daß Ihr Geist einfach nicht destruktiv sein kann, während Sie beim Sehen des absolut schwarzen Punktes vollkommene Harmonie erleben. Wenn Ihr Geist während der Übung zu destruktiven Themen abschweift, wird der Punkt grau oder verschwindet ganz. Das ist so,

weil Sie nur schwarz sehen können, wenn Sie in Übereinstimmung mit dem Leben sind.
Sie kommen zu mehr Ergebnissen in Ihrem Leben, wenn Sie sich auf konstruktive Ziele konzentrieren. Wenn Sie ein sinnvolles Ziel verfolgen, neigen Hindernisse dazu, sich aufzulösen, und schwierige Menschen werden auf die eine oder andere Weise nützlich, weil Sie selbst mehr lösungsorientiert denken.
Gleichermaßen besteht keine Notwendigkeit, auf anderer Leute Kosten Ihren Vorteil zu suchen, denn durch den Punkt haben Sie Zugang zu der Quelle des Überflusses und der Kreativität.
Und wenn Sie wissen wollen, welche Projekte sich für Sie lohnen und welche nicht, dann kann der Punkt Ihnen das leicht sagen. Schließen Sie einfach die Augen, und stellen Sie sich dann das in Frage kommende Projekt zusammen mit einem tiefschwarzen Punkt vor. Wenn Ihnen das nicht gelingt, sollte das Projekt vielleicht noch einmal überdacht, fallengelassen oder durch ein besseres ersetzt werden.

***Wenn es so angenehm ist, warum verbringen wir nicht einfach den ganzen Tag damit, uns den schwarzen Punkt vorzustellen?***

Selbst wenn Sie den Punkt nur für einige Sekunden richtig schwarz sehen, fühlen Sie sich besser, und Ihnen kommen die ersten guten Ideen. Nach einer weiteren Minute, in der Sie zwischen dem schwarzen Punkt, dem grauen Punkt und der Null hin- und herspringen, werden Sie sich so wach und lebendig fühlen, daß Sie ungeduldig Ihre neuen Ideen in die Tat umsetzen möchten.
Wenn es spät abends ist, werden Sie vermutlich ein paar Pläne für den nächsten Tag machen und dann einschlafen. Am Morgen wollen Sie früh aufstehen und Ihre Erkenntnisse im Alltag nutzen.

***Kann ich die Übung zu oft machen?***
***Und wird sich die Wirkung nach ein paar Monaten oder Jahren abnutzen?***

Wenn Sie sich ungewöhnlich angespannt, erschöpft oder krank fühlen, genießen Sie es vielleicht, wenn Sie eine längere Übung machen oder sie mehrmals am Tag wiederholen. Das ist besonders dann wohltuend, wenn Sie an einer Krankheit leiden, denn die Übung hat eine starke Heilwirkung. Es

kann sogar sein, daß Sie regelrecht ein Verlangen danach haben, die Übung öfter zu machen.
Der Punkt hilft Ihnen auch, Schmerzen zu lindern und Ihren Verbrauch an Beruhigungsmitteln, Schmerztabletten, Aspirin usw. zu senken. In solchen Fällen können Sie die Übung nie zu oft machen, und Ihr Geist-Körper wird Sie wissen lassen, wann Sie aufhören sollen.
Je länger Sie den Punkt über die Monate und Jahre hinweg einsetzen, desto nützlicher werden Sie ihn finden, und die Wirkung nutzt sich nie ab. Im Gegenteil, die Vorteile werden in allen Bereichen des Lebens zunehmen und sich häufen. Während Drogen - als da wären Alkohol, Haschisch, Heroin oder Beruhigungsmittel und Aufputschmittel - Ihnen ein erhöhtes Wohlbefinden versprechen, bleiben Sie doch am Ende benebelt, weniger leistungsfähig und unglücklich zurück.
Der Punkt dagegen bringt Ihnen nur Vorteile. Er kostet auch weniger! Übrigens, alle Drogen beeinträchtigen Ihre Fähigkeit, den Punkt zu sehen, und schon allein aus diesem Grunde sollten Sie sie vielleicht lieber meiden.
Selbst wenn Sie es geschafft haben, den Punkt jeweils absolut schwarz zu sehen, werden Sie das Bedürfnis nach weiteren Verbesserungen spüren. Jeder Schritt wird neue Horizonte eröffnen und unerwartete Vorteile bringen. Sie können diesen Prozeß aktiv unterstützen, indem Sie ein natürlicheres Leben führen, sich häufiger in natürlicher Umgebung aufhalten, bei der Auswahl Ihres Fernsehprogramms bewußter vorgehen und Substanzen vermeiden, die Ihren Körper belasten.
Wenn Sie sich heute beispielsweise mit Alkohol, Drogen oder zu reichlichem Essen vergiften, dann werden Sie sich wahrscheinlich den schwarzen Punkt nicht vorstellen können, bis Ihr System die meisten Gifte ausgeschieden hat. In Ihrem Körper bilden sich auch Gifte, wenn Sie sich überanstrengt haben oder wenn Sie starke negative Gefühle spüren wie Haß, Neid, Schuld oder Selbstverachtung. Zwar kann der Punkt Ihnen helfen, solche vergiftenden Gefühle wieder aufzulösen, aber es wäre besser, sie von vornherein zu vermeiden.
Sobald Sie einmal wissen, daß Sie sich den Punkt absolut schwarz vorstellen können, kann Ihnen das Geheimnis nie wieder verlorengehen.

### *Kann der schwarze Punkt meine Sehkraft wirklich verbessern?*

Ihre Augen funktionieren am besten, wenn sie entspannt sind und sich auf den Gegenstand konzentrieren, der Sie im Moment am meisten interessiert. Aber sie können nur so funktionieren, wenn Ihr Geist entspannt und auf

einen Punkt ausgerichtet ist, denn der Prozeß des Sehens ist weitgehend ein geistiger. Der Sehnerv beispielsweise, der die Netzhaut des Auges mit dem Gehirn vebindet, besteht aus Millionen von einzelnen Nervenfasern.
Wenn Sie sich angespannt oder müde fühlen oder wenn Ihr Denken nicht konzentriert ist, neigen Sie dazu, weniger klar zu sehen. Wenn dieser Zustand über Wochen, Monate oder gar Jahre andauert, wird schlechtes Sehen zur Gewohnheit, und eine funktionelle Störung kann sich zu einem organischen (chronischen) Fehler entwickeln. Ihre Augen können dann die Fähigkeit verlieren, sich unterschiedlichen Entfernungen anzupassen, und kurz- oder weitsichtig werden. Je nach Umständen oder erblichen Faktoren können sie auch in verschiedene Richtungen weisen (Strabismus, Schielen) oder ihre runde Form verlieren (Astigmatimus).
Die meisten Sehfehler gehen teilweise oder weitgehend auf solche psychosomatische Faktoren zurück, die unter „zivilisierten" Völkern weit verbreitet sind. Primitive Völkerstämme, die in natürlicher Umgebung leben, sind bekannt für ihre Scharfsichtigkeit, selbst noch in hohem Alter.
Das ist es, was Dr. William H. Bates in vielen Jahren der Forschung an der Medizinischen Hochschule in New York entdeckte. Indem er Augen und Geist seiner Patienten und ganzer Studienjahrgänge trainierte, gelang es ihm, Tausenden von Menschen, bei denen man von „chronischen Augenschäden" ausging, die Sehkraft wiederzugeben. Er zeigte ihnen einfach, sich zu entspannen und Augen und Geist zu konzentrieren.
Auf genau dieselbe Weise können Sie den schwarzen Punkt benutzen, um Ihre Sehfähigkeit zu verbessern. Manche Menschen kommen auf diese Weise über Nacht zu Erfolgen. Aber wenn Sie schon lange eine Brille tragen, werden Sie vermutlich viel Zeit und Geduld brauchen. Jedenfalls werden Sie aber mit Hilfe des Punktes in der Lage sein, Ihre Abhängigkeit von der Brille wesentlich zu verringern.

### *Wie kann die Methode mein Gedächtnis verbessern*

Wenn Ihr Geist sich nicht auf ein zentrales Thema konzentriert, das Sie fasziniert, bleibt alles Wissen, das Sie sich im Laufe der Jahre aneignen, eine Masse von bedeutungslosen Einzelheiten. Wenn der Zeitpunkt kommt, dieses Wissen im alltäglichen Leben zu nutzen, erinnern Sie sich dann vermutlich an die falschen Einzelheiten, oder es fallen Ihnen die richtigen Einzelheiten zur falschen Zeit ein. Ihre Fähigkeit, kreativ zu denken, ist nicht entwickelt, und selbst Ihr Sehvermögen leidet, weil Ihnen ein geistiger Mittelpunkt fehlt.

Informationen auf die richtige Weise zu erwerben, ist eine Kunst, aber genauso wichtig ist die Kunst, nutzlose Informationen abzulehnen. Jeden Tag werden Sie überschüttet mit einer Unmenge von Werbebotschaften, Aufrufen, Nachrichten und verschiedenen Einzelheiten. Selbst wenn Sie allein an einem ruhigen Platz sind, kann Ihr Geist weiterhin sinnloses oder störendes Kopfkino produzieren. Lediglich ein Bruchteil dieser Eingaben ist nützlich, und der Rest lenkt Sie nur von Ihrem wahren Vorhaben ab.
Mit dem schwarzen Punkt haben Sie ein wunderbares Radiergummi zur Verfügung, das Sie von nutzlosen Informationen, unpraktischen Theorien, unrealistischen Konzepten, falschen Bezugsrahmen und anderem geistigen Müll befreit, der Sie sonst daran hindern würde, jeden Tag Ihres Lebens zu genießen. Gleichzeitig hilft der Punkt Ihnen dabei, die Dinge im Gedächtnis zu behalten, die wirklich wichtig und hilfreich sind.

***Sollte ich Freunden und Verwandten von dem schwarzen Punkt erzählen?***

Die Erfahrungen, die Sie durch den Punkt sammeln, sind höchst individuell und subtil. Nur sehr wenige Ihrer Freunde oder Verwandten würden verstehen, was Sie meinen, wenn Sie ihnen von Ihren Erkenntnissen erzählen. Die Menschen wollen von solchen Dingen nur etwas hören, wenn sie selbst für sie offen sind, wenn sie eine bestimmte Entwicklungsstufe erreicht haben. Allgemein gesagt sind die meisten Leute davon überzeugt, daß ihre Lebensweise die beste ist. Sie mögen nur von solchen „neuen" Ideen hören, die ihre eigenen Überzeugungen bestätigen. Wenn Sie versuchen, ihnen einen Gefallen zu tun, indem Sie ihnen Ihre neue Entdeckung erklären, finden die anderen Ihre Begeisterung vielleicht merkwürdig, sie könnten sogar versuchen, Sie davon abzubringen.
Behalten Sie Ihr Geheimnis erst einmal einfach für sich, bis Sie die Technik beherrschen und erkennbare Ergebnisse aufweisen können. Wenn man Sie fragt, was Sie tun, wenn Sie sich in Ihr Zimmer zurückziehen, sagen Sie einfach: „Ich entspanne mich hin und wieder gern ein bißchen."
Ein paar Monate später entdecken die anderen vielleicht an Ihnen oder in Ihrem Leben gewisse Veränderungen, und sie fragen sich, was mit Ihnen los ist. Wenn jemand ein echtes Interesse an neuen Ideen zeigt, können Sie einige der Einsichten, die Sie gewonnen haben, auch weitergeben.

***Muß der Punkt schwarz sein?***
***Ich würde mir lieber etwas Helles und Schönes vorstellen.***

Genau das ist es: Der schwarze Punkt hilft Ihnen, die hellen und schönen Aspekte des Lebens zu erkennen. Dunkelheit macht Licht möglich, genau wie die Nacht den Sonnenaufgang ermöglicht. Wir sammeln lebenswichtige Energien in der Nacht und verbrauchen sie am Tag. Wir sind am Tag hellwach und aktiv und genießen beruhigenden, heilenden und verjüngenden Schlaf in der Nacht. Erleuchtung ist ein Lichtblitz in der Dunkelheit.
Aber die Angst vor der Dunkelheit ist in unserer westlichen Kultur tief verwurzelt. Unsere Schriften sagen uns, daß Licht besser ist als Dunkelheit, daß der Himmel besser ist als die Erde, daß der Geist besser ist als der Körper, Männer besser als Frauen und daß die Welt von einem allmächtigen Vater ohne weibliche Hilfe geschaffen wurde.
Menschen in Fernost finden dieses Konzept unausgeglichen und unreif, und ein paar westliche Denker sind zu derselben Schlußfolgerung gekommen. Ralph Waldo Emerson, der amerikanische Dichter des 19. Jahrhunderts, sprach von der *Polarität,* die wir überall in der Natur erkennen können: in Dunkelheit und Licht, Nord und Süd, männlich und weiblich, im Rhythmus des Blutes und in den Schwingungen von Tönen:

> „Alles in der Natur ist geteilt, so daß alles eine Hälfte ist und von einem zweiten Ding ergänzt werden muß: Geist und Materie, Mann und Frau, subjektiv und objektiv, innen und außen, oben und unten, ja und nein. ... Das ganze System der Dinge ist in jedem Teil enthalten. In jedem Geschöpf ist etwas, das uns an Ebbe und Flut der Meere, an Tag und Nacht erinnert."

Emerson teilte den fernöstlichen Glauben, daß die beiden Pole einander ergänzen, daß beide gleich wichtig sind und daß es ein dynamisches Gleichgewicht zwischen ihnen gibt. Beide Elemente sind „gut", wenn sie miteinander harmonisieren, und beide zeigen ihre bösen Seiten, wenn diese Harmonie verlorengeht.
In Fernost werden diese beiden Pole *Yin* und *Yang* genannt, die gemeinsam die kosmische Urkraft *Chi* bilden. Die chinesische Sprache hat keine Entsprechung für unser Wort „Gott".
Das chinesische Wort, das dem am nächsten kommt, ist vielleicht Yang, die männliche Hälfte der Schöpfung. Menschen im Westen neigen dazu, die eine Hälfte der Schöpfung zu verehren und die andere zu übersehen oder zu unterdrücken.

Selbst Indien ist ein Teil dieser indoeuropäischen Kultur, die das Licht verehrt und das Dunkel verachtet. Yogaschriften sprechen von den Chakren als dem Pfad, der von niederen, dunklen Zuständen des Geistes, die ihren Ursprung im Beckenbereich haben, zum Zentrum der Erleuchtung im Kopf führt. Aber in Fernost wird genau dieser Beckenbereich *Hara* genannt und als der Sitz der Vitalität und der kosmischen Kraft angesehen, wie wir im nächsten Kapitel erfahren werden.

Unsere einseitig ausgerichtete westliche Kultur hat uns viel Erfolg auf der Yang-Hälfte des Lebens gebracht, hat uns aber dahin geführt, daß wir die Yin-Hälfte verachten, die von Natur aus dunkel oder verborgen ist. Diese Mentalität ist für viele unserer Frustrationen und Neurosen, für unsere rastlose und künstliche Lebensweise verantwortlich.

Mit Hilfe des schwarzen Punktes können Sie wieder Freundschaft mit Ihrem Yin-Naturell schließen. Sie können Ihre unbewußte Quelle der Vitalität, Kreativität und Inspiration erschließen. Sie können im Einklang mit der menschlichen Natur und Ihrer eigenen Natur leben. Sie können in Harmonie mit der Natur und der Natur der Dinge leben, und Sie können sich in der Welt zu Hause fühlen. Sie werden natürlich immer noch hin und wieder Ihre Zweifel und Probleme haben, aber der grundlegende innere Konflikt wird nicht mehr bestehen.

All dies zu glauben, finden Sie vielleicht am Anfang schwer, und Sie können es wirklich nur erfahren, wenn Sie einige Zeit mit dem schwarzen Punkt üben.

***Wie kann man die Technik mit dem schwarzen Punkt mit anderen Methoden vergleichen, die ähnliche Wohltaten versprechen?***

Zahllose Methoden stehen zur Verfügung, und die meisten zielen darauf, den Geist-Körper durch Entspannung und geistige Übungen neu zu orientieren. Auf der langen Liste finden sich autogenes Training, Selbsthypnose, Alphawellen, transzendentale Meditation, Raja-Yoga, Kundalini, Tai Chi, Zen, Sprechgesang, Atmen, Urschrei und andere Therapieformen.

Sie haben alle ihre Verdienste oder können als Sprungbrett benutzt werden. Manche dienen bestimmten Zwecken, andere sind gut für bestimmte Menschentypen. Sie führen im allgemeinen zu guten Ergebnissen in den Bereichen, für die sie bestimmt sind, und wie alle Methoden haben sie auch ihre Schwächen.

Autogenes Training beispielsweise entspannt so gut, daß es Menschen oft müde oder benommen macht, und hat tatsächlich in seltenen Fällen schon zu Herzversagen geführt. Selbsthypnose kann zu dramatischen Erfolgen führen, aber sie halten nicht vor. Transzendentale Meditation kultiviert das Sein auf Kosten des Handelns. Raja-Yoga kann die Bewußtseinsebene eines Menschen erhöhen, läßt ihn sich aber im allgemeinen in gekünstelten geistigen Systemen verheddern. Kundalini weckt geistige Kräfte auf Kosten von lebenswichtigen Energien und kann gefährliche Folgen haben. Der Urschrei konzentriert sich auf die Vergangenheit und lenkt die Aufmerksamkeit von der Gegenwart ab, genau wie die Freudsche Psychoanalyse, deren dramatisierte Form der Urschrei ja ist. Zen-Meditation ist eine gute Konzentrationsübung, erfordert aber im allgemeinen Jahre oder gar Jahrzehnte strengster Übung.

Würden Sie alle Methoden ausprobieren, könnten Sie von jeder etwas lernen. Aber Sie würden vermutlich feststellen, daß sie Sie nicht so direkt zum Ziel führen wie die Technik mit dem schwarzen Punkt. Sie können natürlich die indirekteren, poetischen, ausgeschmückten oder kunstvollen Pfade bevorzugen, mit ihren mystischen Zeremonien, exotischen Worten und Symbolen und übermenschlichen geistigen Anführern. Der blumige Pfad mag für Sie reizvoll sein, selbst wenn er länger braucht oder wenn er nicht immer zum Ziel führt. Vielleicht wollen Sie auch die Sicherheit und die Gemeinschaft einer Gruppe genießen.

Mit der Technik des schwarzen Punktes wären Sie mehr oder weniger auf sich allein gestellt. Sie müßten dem Rat Buddhas folgen, der vor 2500 Jahren sagte: „Setzt euer Vertrauen nicht in Lehrer. Lehrer wie ich können den Weg weisen, aber ihr selbst seid für euren Fortschritt verantwortlich. Die letzten Antworten liegen in euch selbst."

Wenn Sie irgendeine Methode praktizieren, können Sie sie leicht der Feuerprobe unterziehen, indem Sie sich fragen: „Bringt sie mich wirklich zu dem Zustand innerer Einheit, der mich in die Lage versetzt, mir auch den schwarzen Punkt vorzustellen? Und bringt sie mich auf angenehme und zuverlässige Weise dahin?"

Der Punkt kann Ihnen innerhalb von Minuten sagen, ob Sie den angestrebten Zustand wirklich erreicht haben oder ob Sie sich nur etwas vormachen. Versetzen andere Methoden Sie in die Lage, innerhalb von Minuten zur tiefsten Quelle des Glücks hinabzusteigen, zum Kern des Lebens und zum Springbrunnen der Kreativität? Und hält das Gefühl der Harmonie tagsüber an, und bereichert es Ihr Leben in jeder Hinsicht? Oder ist die Freude nur oberflächlich, weil Sie nicht wirklich zur inneren Klarheit finden können? Flüchten Sie für eine Weile nur in Tagträume und Wunschdenken und finden es dann schwierig, mit der realen Welt zurechtzukommen? Lullt die Methode Sie nur in eine Art von Trance ein, die Sie durch das Leben treiben läßt – oder hilft sie Ihnen wirklich, im Alltag leistungsfähiger zu funktionieren und die richtigen Entscheidungen zu treffen?

Im Laufe der Jahre haben Sie vielleicht gelernt, glückliche Stimmungen entstehen zu lassen, Ihre Probleme wegzudiskutieren, mit einer Macht in Verbindung zu treten, die Sie für göttlich halten, oder so etwas wie eine allumfassende Liebe zu erleben. Aber wenn Sie sich nicht gleichzeitig den Punkt in tiefstem Schwarz bildlich vorstellen können, dann wissen Sie, daß es noch Raum für Verbesserungen gibt, daß Sie sich immer noch auf ein glücklicheres und reicheres Leben freuen können.

| |
|---|
| Der schwarze Punkt ist nicht der einzige Weg, dorthin zu kommen. Aber wenn Sie mit irgendeinem anderen Mittel oder einer anderen Methode dorthin gelangen, werden Sie auch in der Lage sein, den Punkt zu sehen. |

# *5. Die Freude, die eigene Mitte zu finden*

*Dreißig Speichen treffen sich in der Mitte des Rades, aber das unsichtbare Wesentliche des Rades liegt in seiner Mitte.*
*Keramikschüsseln sind aus Ton gemacht, aber ihre Nützlichkeit liegt in der hohlen Mitte.*
*Ein Haus hat Wände, ein Dach, eine Tür und Fenster, aber sein Zweck ist der Raum innen.*
*Darum: Die Oberfläche ist sichtbar, aber das Wesentliche ist in der Mitte verborgen.*

Laotse (5. Jh. v. Chr.)

## *Wo ist Ihre Mitte?*

Der schwarze Punkt hilft Ihnen, sich Ihres inneren Selbst bewußt zu werden, Ihrer wahren Natur, und damit in Verbindung zu bleiben. Die meisten Menschen wissen nicht einmal, daß ihre Persönlichkeit einen inneren, unsichtbaren Kern hat. Sie sind sich nur ihrer Oberfläche und der Oberfläche des Lebens bewußt.
Aber die fernöstlichen Kulturen haben es immer als selbstverständlich angesehen, daß jeder Mensch ein inneres und ein äußeres Selbst hat. Das innere Selbst kann man nicht sehen oder anfassen, es ist versteckt, unbewußt und manchmal schwer zu verstehen. Dennoch ist es genauso wichtig und kraftvoll wie das äußere. Ein Mensch kann nur vollkommen menschlich und vollkommen lebendig sein, wenn beide Formen in Harmonie funktionieren. Jede Reibung verringert die Vitalität des Menschen, und ein anhaltender Konflikt führt auf lange Sicht zu Krankheit, Unglück und Elend.
Wenn Sie in Verbindung mit Ihrer Mitte stehen, erfahren Sie das Leben als fröhlich, und alle Dinge, die Sie in diesem Zustand tun, haben die Neigung, gut auszugehen. Ihr ganzes Sein ist ausgeglichen und um Ihre wahren

Bedürfnisse und Ziele herum konstruiert. Ihr Denken und Handeln konzentriert sich auf Ihren inneren Kern, und es besteht eine glückliche Beziehung zwischen Geist und Körper, bewußtem und unbewußtem Geist, Seele und Materie.

Aber das Gegenteil passiert, wenn Sie die Verbindung zu Ihrer Mitte verlieren, wenn Sie an der Oberfläche des Lebens leben, wenn Sie sich an der Peripherie der Dinge entlangtasten und deren zentrale Bedeutung nicht erfassen. Dann fühlen Sie sich elend, weil alles, was Sie denken und tun, dazu neigt, eine Belastung und eine Quelle der Sorgen zu werden. Viele Ihrer Projekte scheinen fehlzuschlagen, und Sie können sich nicht einmal an Ihren Erfolgen freuen. Sie fühlen sich der Quelle des Lebens entfremdet, Ihre Vitalität ist schwach.

Hier Zeichnungen, die das illustrieren:

Der *konzentrierte Geist* bleibt in Verbindung mit der Mitte. Er besitzt Vitalität und Entschlossenheit. Er handelt ruhig und kommt zu Ergebnissen.

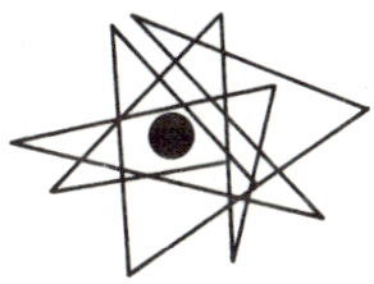

Der *Durchschnittsgeist* ist nicht gut auf die Mitte ausgerichtet, er wird leicht abgelenkt, funktioniert aber angemessen und kommt im Leben zurecht.

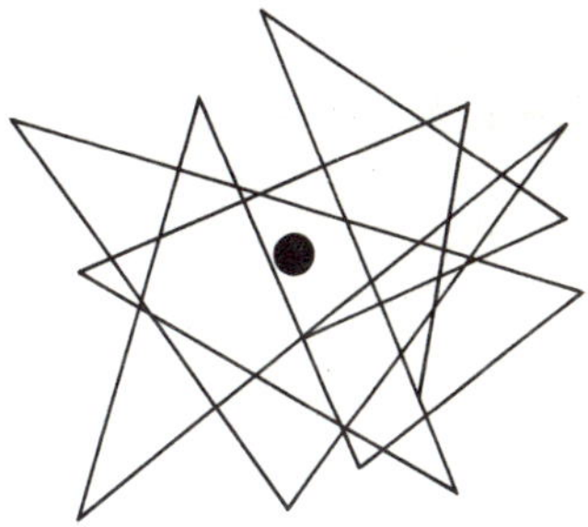

Der *sprunghafte Geist* irrt meist außerhalb der Mitte herum, obwohl er sie gelegentlich berührt. Er leistet wenig und richtet oft Schaden an.

Wie Sie an diesen Zeichnungen erkennen können, werden auch angespannte und verwirrte Menschen mit sprunghaftem Geist wahrscheinlich hin und wieder mit der Mitte in Berührung kommen.

Aber sie müssen sie sehr bald wieder verlieren und können den Weg zurück zur Mitte nicht finden. Sie können nur hilflos warten und hoffen, daß sie eines Tages zum Paradies zurückkehren, nächsten Monat vielleicht.

.. oder nächstes Jahr . . . , wenn die Dinge sich zum Besseren gewendet haben. So können selbst angespannte und verwirrte Menschen in einem langen Zeitraum auch hin und wieder Augenblicke der Einsicht haben und doch die meiste Zeit unglücklich oder gelangweilt sein. Manch ein sogenanntes Genie gehört in diese Kategorie, und viele Durchschnittsmenschen „führen ein Leben in stiller Verzweiflung“. Sie mögen an der Oberfläche erfolgreich sein und Geld, Macht, Ansehen, Einfluß oder Ruhm besitzen. Aber eine quälende innere Leere hindert sie daran, diese Dinge auch zu genießen.
Hier eine weitere Illustration dieses Gedankens.
Stellen Sie sich vor, auf einem zentralen Punkt zu stehen, von dem ein Dutzend Linien ausgehen. Solange Sie diese zentrale Position beibehalten, können Sie ohne Behinderung in alle Richtungen sehen und gehen. Wenn Sie aber die Mitte verlassen, können Sie sich nur in eine Richtung nach vorn und zurück bewegen. Ihre Welt wird dann eng, eindimensional und anfällig für Konflikte. Sie neigen dazu, bei allem, was Sie tun, sich selbst und andere zu verletzen, und Sie stoßen immer wieder mit der realen Welt zusammen. Aber wenn Sie wieder in der richtigen zentralen Position sind, verschwinden auf geheimnisvolle Weise alle Hindernisse, und Sie können sich frei in alle Richtungen bewegen.

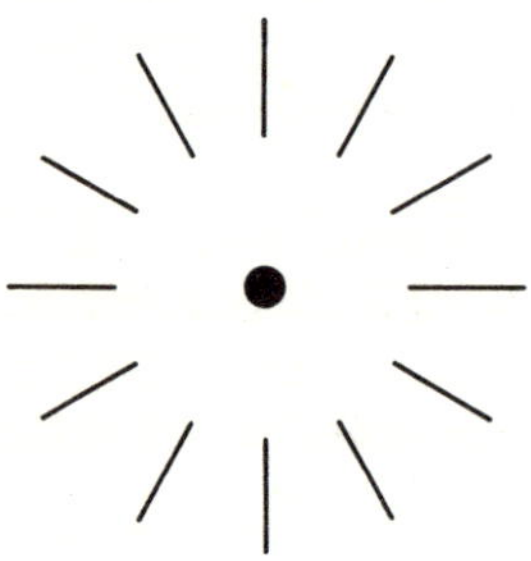

*Zentrale Position*

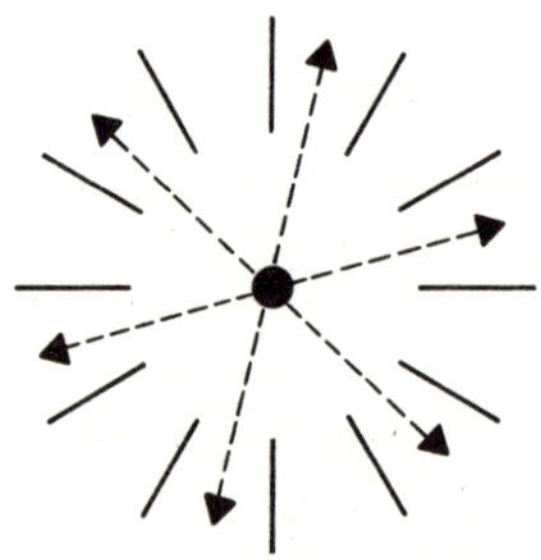

*Im Zentrum kann man sich in alle Richtungen frei bewegen*

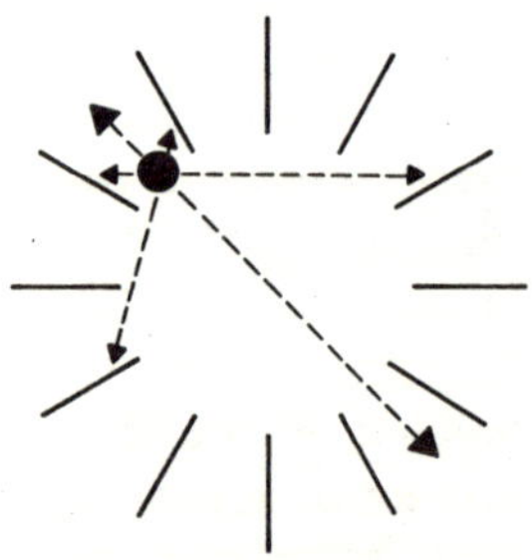

*Außerhalb der Mitte kann man sich nur in einer Richtung hin und zurück bewegen*

# *Ihr Schwerpunkt*

Wenn Ihr Geist konzentriert ist, wird das in Ihrer Körperkoordination, Ihren Körperbewegungen und Ihrem Körperbewußtsein sichtbar. Alle Ihre Bewegungen gehen dann von Ihrem Schwerpunkt nahe der Hüften aus, eben unterhalb des Bauchnabels. Sie haben auch „ein gutes Gefühl im Bauch", wenn Ihr Geist konzentriert ist. Das hat etwas mit einem Nervenzentrum in diesem Bereich zu tun, zu dem auch der Solarplexus gehört.

Das mag zunächst nicht mit Ihrer Vorstellung vom Homo sapiens als einem denkenden Wesen übereinstimmen oder von einem liebenden Geschöpf, dessen Leben sich um das Herz herum konzentriert.

Dennoch ist Tatsache, daß die Körperbewegungen bei ausgeglichenen Menschen vom Hüftbereich ausgehen, wie Sie leicht selbst herausfinden können. Das ist besonders deutlich bei Kleinkindern im Vorschulalter, wenn sie sich noch natürlich und spontan bewegen. Beobachten Sie einmal kleine Kinder beim Spielen, und Sie bekommen eine Vorstellung von dem, was gemeint ist. Und dann beobachten Sie einmal die Bewegungen eines unausgeglichenen, nervösen, bekümmerten oder verwirrten Menschen, und Sie werden den Unterschied erkennen.

Im zweiten Fall kommen die Bewegungen nervös aus den Armen, den Schultern und dem Kopf. Das Ergebnis ist eine bemitleidenswerte, gekünstelte Anstrengung, keine harmonische und erfreuliche Abfolge von Bewegun gen.

Das können Sie auch an sich selbst erleben, am besten gleich jetzt. Gehen Sie erst ein paar Minuten lang wie immer. Machen Sie sich dann Ihren Schwerpunkt in der Nähe der Hüften bewußt, und lassen Sie Ihre Bewegungen aus der Mitte heraus entstehen. Sie werden einen unmittelbaren Unterschied in der Bewegung und im Gefühl bemerken. Angespannte Nacken- und Bauchmuskeln entspannen sich, und nach einem Seufzer der Erleichterung wird Ihre Atmung tiefer und spontaner, Sie bewegen sich natürlicher und mit weniger Anstrengung.

Gehen Sie ein paar Minuten so, und schalten Sie dann wieder um auf Ihre übliche Art: Vergessen Sie den Schwerpunkt, und konzentrieren Sie sich wieder auf den Kopf. Sofort werden Sie feststellen, daß sich Ihr Gesichtsausdruck und Ihr Nacken anspannen, daß Ihre Bewegungen die Spontaneität verlieren und daß das Gehen wieder anstrengender wird.

In den fernöstlichen Kampfsportarten wie Judo, Jiu-Jitsu, Kendo und vor allem Aikido ist dieser Gedanke die absolute Grundlage und Voraussetzung. In vergangenen Jahrhunderten wurden diese Methoden der Selbstverteidigung zum Überleben angewandt, nicht einfach nur als Spiel, Sport, Hobby oder Fitneßtraining. Der Ausgang eines Kampfes entschied oft über Leben oder Tod, da ging es nicht um den Gewinn eines Pokals oder eines schwarzen Gürtels.

Wo es um einen solch hohen Einsatz ging, sorgten die Menschen dafür, daß sie die richtigen Techniken lernten und daß diese in der Praxis funktionierten. Der Kämpfer, der die Kunst der Bewegung aus dem Schwerpunkt (dem Hara oder Ein-Punkt) beherrschte, wußte, daß er geistig und körperlich überlegen war. Doch der Kämpfer, der dieses Geheimnis nicht kannte und vom Kopf aus (statt aus seinem Hara) dachte, bewegte sich schwerfällig und war leicht umzustoßen und zu besiegen.

Auch andere fernöstliche Denkrichtungen und traditionelle Medizinschulen betonen die Wichtigkeit des Hara, vom dem man sagt, daß es etwa 5 Zentimeter unterhalb des Bauchnabels liegt (je nach der Größe eines Menschen). Es gilt auch als der Sitz von *Chi* oder *Ki,* dem Zentrum der Lebensenergie. Das individuelle Chi eines Menschen steht wiederum in Verbindung mit den kosmischen Kräften des Universums.

Indem er durch sein Hara lebt, hat der Mensch direkten Zugang zu der kosmischen oder universellen Energie. Diese allumfassende Lebensquelle besteht aus Yin und Yang, dem weiblichen und dem männlichen Element, und sie entspricht nicht unserem westlichen Vaterbild Gottes. Wenn man die Chi-Energie durch häufige Meditation und andere Übungen im Hara sammelt, so heißt es, sichert man sich Gesundheit, Glück und ein langes Leben.

## *Alles dreht sich um die Mitte*

Wenn es Ihnen leichtfällt, in technischen Begriffen zu denken, werden Sie die folgenden Analogien vielleicht aufschlußreich finden. Sie beziehen sich auf das Rad, ohne das unser modernes Transportsystem und unsere gesamte Zivilisation gar nicht denkbar wären. Das Rad ist eine geniale Erfindung, weil es dazu beiträgt, beim Transport von Lasten und bei der Übertragung von Energie Reibung zu verringern. Dasselbe Gewicht, das unsere fernen Ahnen auf dem Rücken trugen, kann jetzt mit einem Minimum an Beanspruchung und Energie bewegt werden.

*Bei Aikido, der japanischen Kunst der sanften Selbstverteidigung, gehen die Bewegungen vom „Ein-Punkt" oder Schwerpunkt in der Nähe des Bauchnabels aus. Die Energie des Feindes wird durch sanfte Verschiebungen der Stellung gegen ihn eingesetzt, so daß er das Gleichgewicht verliert und auf dem Boden landet, aber unverletzt bleibt.*

Ein Rad dreht sich um seine Achse, und der hauptsächliche Reibungspunkt beschränkt sich auf seine Mitte. Aber was das Rad in erster Linie möglich machte, war die Vorstellung von der Mitte. Diese Grundidee ist „die größte Sache *vor* der Erfindung des Rades", um es so auszudrücken.

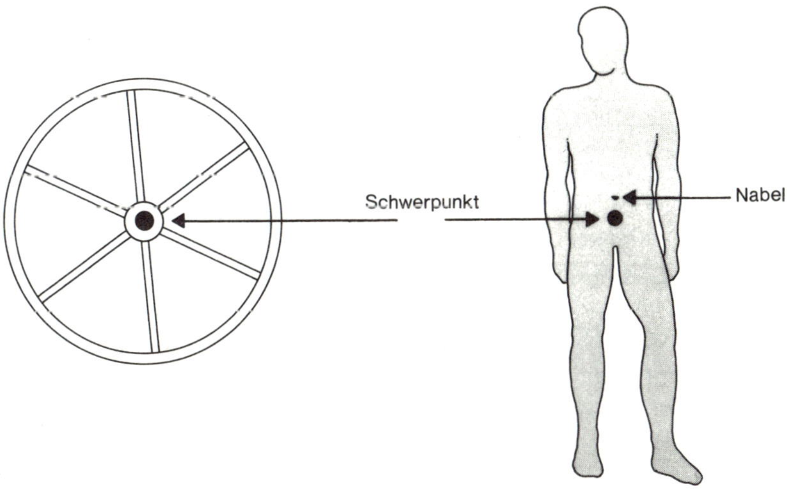

Ein Rad muß gut zentriert sein, oder es funktioniert nicht richtig. Dasselbe Prinzip gilt auch für den menschlichen Körper, wie wir im vorigen Abschnitt gesehen haben: Wenn wir uns unseres Schwerpunkts (Haras) bewußt werden, bewegen wir uns leichter, anmutiger, wirkungsvoller. Wir leisten mehr mit weniger Anstrengung. Wir federn besser ab und können weniger leicht umgestoßen werden, einfach weil wir uns um unsere „Achse" bewegen.
Stellen Sie sich vor, was passieren würde, wenn die Achse eines Rades dezentriert wäre. Das Rad würde schwerfällig eiern, es würde anfangen zu vibrieren und würde bei höheren Geschwindigkeiten kaputtgehen. Es würde auch seinen Zweck nicht erfüllen, nämlich Energie zu sparen und Lasten sanft zu bewegen. Dasselbe gilt für eine zentrifugale Trockenschleuder, wenn die Wäsche nicht richtig um die Mitte herum angeordnet ist: Die Maschine beginnt zu rütteln und zu schütteln und muß abgestellt werden.
Nun stellen Sie sich vor, was mit einem Menschen passieren würde, dessen Körperbewegungen nicht vom Schwerpunkt ausgehen. So bewegt sich in der Tat der „Durchschnittsmensch" heutzutage: Die Bewegungen kommen unbeholfen aus den Schultern, sind angestrengt und unrationell. Die Haltung ist schlecht und kopflastig, und die Atmung geht oberflächlich.

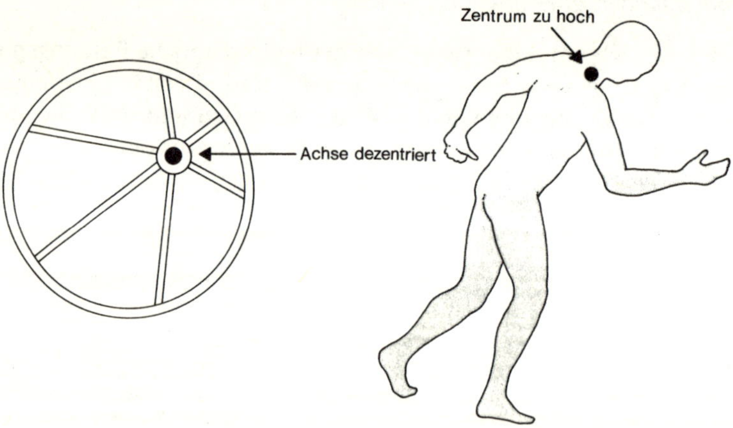


*Ein Rad mit der Achse an der falschen Stelle bewegt sich schwerfällig auf und ab und zerstört sich am Ende selbst.*

*Ein kopflastiger Mensch, der aus den Schultern und aus dem Kopf denkt und handelt, bewegt sich schwerfällig und belastet Geist und Körper.*

Der Schwerpunkt ist nichts, an das Sie ständig denken müßten. Sie müssen nur ein Gefühl dafür entwickeln und sich im täglichen Leben in Harmonie mit ihm bewegen. An einem normalen Tag wird sich Ihr Geist auf das konzentrieren, was Sie gerade tun - arbeiten, reden, spielen, lesen oder denken.
Wenn Sie Ihren Geist-Körper auf die Mitte ausrichten wollen, brauchen Sie nur die Übung mit dem schwarzen Punkt zu machen. Durch die Übung entsteht - unter anderem - ein „gutes Gefühl im Bauch".

## Weitere Analogien

Der auf das Zentrum ausgerichtete Geist arbeitet ganz ähnlich wie ein Laserstrahl. Wenn die Energien auf einen Punkt konzentriert werden, kommt es zu erstaunlichen Resultaten. Laserstrahlen werden dazu benutzt, schwere Metallplatten mit größter Präzision zu schneiden und zu perforieren. Sie erfüllen auch schwierige Aufgaben bei Hi-Fi-Tonaufnahmen, sie registrieren Preise auf Waren an der Kasse des Supermarkts, und sie dienen als feinste chirurgische Instrumente. Wenn Ihr Geist ganz scharf eingestellt ist, kann er oft Aufgaben bewältigen, die am Rande des Unmöglichen liegen. Dazu gehören beispielsweise Telepathie, Heilung, Gedankenlesen und die Voraussage bestimmter zukünftiger Ereignisse.
Eine weitere Entdeckung, die bald die Computerindustrie revolutionieren wird, ist die Supraleitfähigkeit. Naturwissenschaftler haben herausgefunden, daß elektrischer Strom mit einem Minimum an Widerstand durch bestimmtes Material fließen kann, wenn es ausreichend gekühlt wird. Bei Tiefsttemperaturen steigert sich die Leitfähigkeit tausendfach. Wenn dasselbe in der Akustik erreicht werden könnte, wäre ein Mensch, der über einen Ozean ruft, Tausende von Kilometern entfernt an der anderen Küste zu hören.
Durch den Einsatz von supraleitfähigem Material in der Elektronik wird die Leistung und Geschwindigkeit bei der Bearbeitung und Übermittlung von Daten bald in unvorstellbare Höhen steigen. Auf sehr ähnliche Weise werden Sie entdecken, daß Ihr Geist mit Spitzengeschwindigkeit und Spitzenleistung funktioniert, wenn er „gekühlt" oder entspannt ist. Wenn Sie sich den schwarzen Punkt vorstellen, denken sie in Lichtgeschwindigkeit und durchschneiden Probleme wie ein Laserstrahl.

# 6. Die Gewohnheit, glücklich zu sein

*Der Mensch lebt nicht in der Gegenwart,*
*sondern er beklagt mit*
*zurückgewandtem Blick die Vergangenheit.*
*Oder er steht,*
*ungeachtet der Reichtümer,*
*die ihn umgeben, auf Zehenspitzen,*
*um in die Zukunft zu sehen.*
*Er kann aber nur dann glücklich und*
*stark sein, wenn er mit der Natur in der*
*Gegenwart lebt, erhaben über die Zeit.*

Ralph Waldo Emerson (1803 - 1883)

## Unglücklichsein als Warnsignal

Wenn Sie die Freude erleben, die aufsteigt, wenn Sie den Punkt in tiefstem Schwarz sehen, dann wissen Sie, daß Sie etwas richtig gemacht haben. Die Natur belohnt uns mit Freude, wenn wir in Harmonie mit dem Leben denken und handeln. Sie scheint uns zu sagen: „Mach weiter, du bist auf dem richtigen Weg.“*

Aber Unglücklichsein ist - wie der Schmerz - ein Warnsignal. Wenn Sie die Hand auf einen heißen Herd legen, sagt der Schmerz Ihnen, daß Sie etwas falsch gemacht haben. Wenn Sie die geistigen Schmerzen erleben, die man Unglücklichsein nennt, dann ist die Botschaft dieselbe: „Paß auf, du tust das Falsche oder denkst die falschen Gedanken.“ Wenn Sie diese Botschaft richtig deuten, können Sie Ihre Orientierung wiederfinden, und Sie fühlen sich wieder glücklich.

Aber das ist leichter gesagt als getan. Es ist viel einfacher, äußeren Umständen, anderen Leuten, vergangenen Ereignissen oder besorgniserregenden zukünftigen Entwicklungen die Schuld dafür zu geben, daß Sie unglücklich sind. Dann können Sie sich überlegen fühlen, und

*Ausnahmen bestätigen die Regel. Sie können beispielsweise fröhlich etwas Bestimmtes essen und später merken, daß es Magenschmerzen verursacht. Aber von da an werden Sie dieses Nahrungsmittel vermeiden.

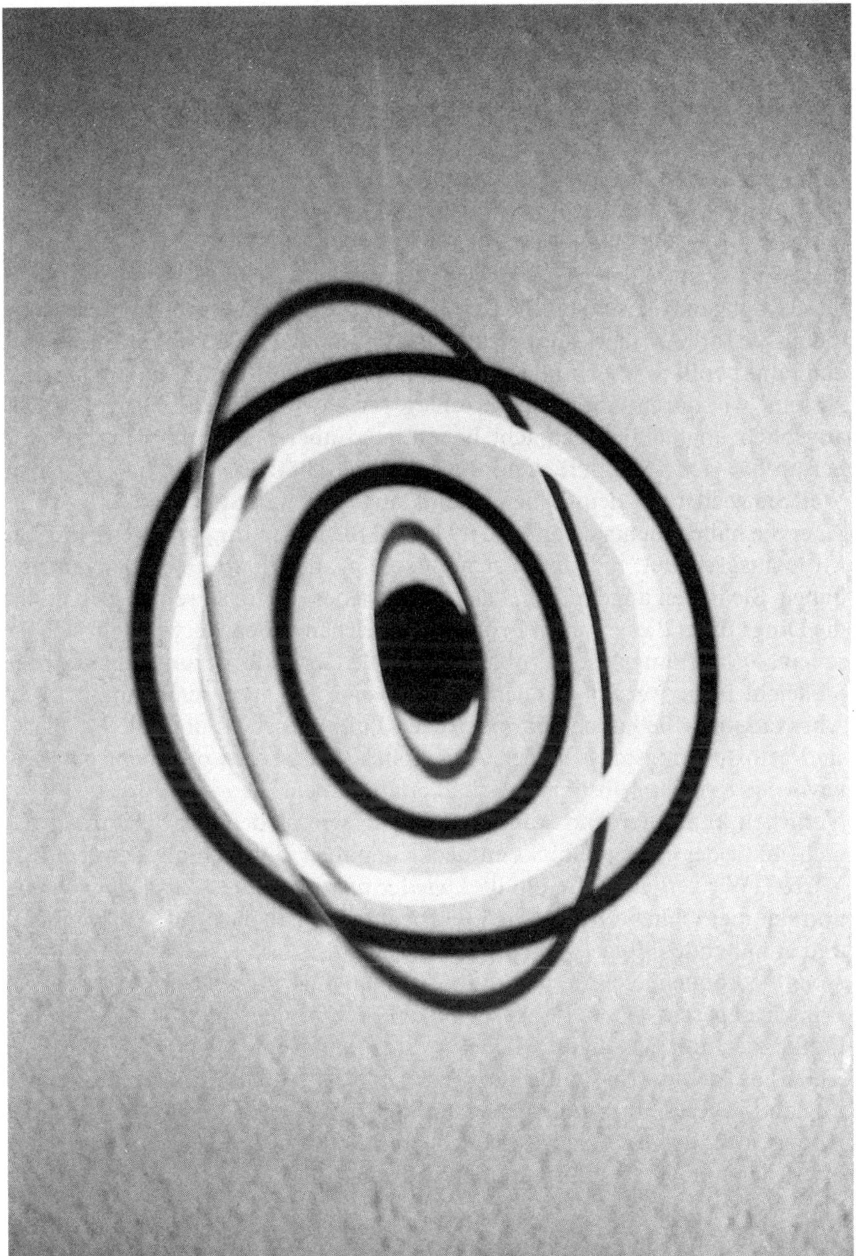

Sie können die ganze Schuld auf die dummen Leute, die traurige Vergangenheit, die elenden gegenwärtigen oder zukünftigen Bedingungen und auf die Welt im allgemeinen abwälzen.
„Aber", sagen Sie vielleicht, „ich bin absolut sicher, daß mein Unglück von dieser Person oder jenem Umstand verursacht wird. Es ist nicht meine Schuld, daß diese Person derartige Dinge getan hat oder daß Ereignisse sich auf diese Weise entwickelt haben. Darum kann ich nicht glücklich sein, bis die Leute tun, was sie eigentlich tun sollten, oder bis die Umstände sich bessern, – oder vielleicht ist der Schaden ja auch gar nicht zu reparieren."
Das klingt ganz logisch, bis Sie Ihre Argumente der Feuerprobe unterziehen, indem Sie Ihre Aufmerksamkeit auf den schwarzen Punkt richten. Sobald Sie den Punkt vollkommen und total schwarz sehen, ist Ihr Gefühl, unglücklich zu sein, wie durch einen Zauberschlag verschwunden. Die Dinge, die Sie angeblich unglücklich gemacht haben, sind aber noch da. Nichts um Sie herum hat sich verändert. Und doch sind Sie plötzlich glücklich. Warum? Weil Sie wieder mit dem Leben in Einklang sind, weil Sie das Richtige tun.
Aber Sie haben nichts getan – oder? Doch! Sie haben Ihr ganzes Sein auf die Mitte ausgerichtet, indem Sie sich entspannt und Ihren Geist konzentriert haben. Sie haben angefangen, das Leben wieder richtig zu sehen. Sobald Sie die Dinge unter dieser neuen Perspektive gesehen haben, verwandeln sich die scheinbar hoffnungslosen Probleme in bloße Herausforderungen, mit denen Sie leicht fertig werden können. Deshalb sind Sie nicht mehr unglücklich! Abrakadabra, Sie haben den magischen Punkt gesehen, und alle Probleme sind gelöst, wenigstens für den Augenblick. Sie werden das nicht glauben, bevor Sie es nicht selbst ein paarmal erlebt haben.
Natürlich kann niemand ständig glücklich sein. Jeder, der behauptet, das Geheimnis des ewigen Glücks entdeckt zu haben, hält sich oder andere zum Narren. Wir verlieren alle hin und wieder unsere geistige Ausgeglichenheit, und die menschliche Rasse wird nie strahlende Beispiele für vollkommene und anhaltende Glückseligkeit hervorbringen.
Aber Sie können leicht lernen, unnötiges Unglück zu vermeiden, indem Sie einfach den schwarzen Punkt benutzen. Schon das Wissen, daß Sie den Punkt zu Ihrer Verfügung haben, wird Ihnen ein größeres Gefühl der Sicherheit geben. Im Laufe der Wochen und Monate können Sie einen Zustand innerer Harmonie erreichen, der leicht gelegentliche Schocks des Alltags auffängt und sogar mit größeren Schocks fertig wird, die andere Menschen zur Verzweiflung treiben würden.

## Vergangene Traumata beseitigen

Aber was ist mit den Traumata der Vergangenheit? Sind nicht Millionen von Menschen unglücklich aufgrund von traumatischen Kindheitserfahrungen, die ihnen oft nicht einmal bewußt sind? Ob Sie es glauben oder nicht, der magische Punkt beseitigt sie genauso schnell wie andere Probleme.
Wie kann das möglich sein? Wie kann man etwas gegen vergangene Ereignisse tun, wenn der Schaden längst angerichtet ist?
Das Problem ist nicht so sehr Ihre vergangene, sondern Ihre gegenwärtige Einstellung dazu. Alle menschlichen Wesen, ohne Ausnahme, haben traumatische Kindheitserlebnisse gehabt. Schon die Geburt muß ein ziemlicher Schock für das Neugeborene sein. Während es ganz praktisch ist, vergangenem Unglück die Schuld für die gegenwärtigen Probleme zu geben und die dafür verantwortlichen Menschen zu verdammen, liegt die Lösung im allgemeinen viel näher, als wir denken.
Das Hauptproblem ist nicht das, was vor Jahrzehnten geschehen ist, sondern wie Sie jetzt denken und handeln. Solange Ihre gegenwärtige Einstellung nicht auf die Mitte ausgerichtet ist, wird Sie alles unglücklich machen, Ihre Vergangenheit eingeschlossen. Es stimmt, daß Ihre Vergangenheit vielleicht dazu geführt hat, daß Sie unrealistische Einstellungen entwickelt haben. Aber während Sie Ihre Vergangenheit nicht ungeschehen machen können, haben Sie die Möglichkeit, an der Einstellung zu arbeiten, mit der Sie das Leben im allgemeinen und die Vergangenheit im besonderen betrachten.
Sie können anfangen, das ganze Problem hier und jetzt aufzulösen, indem Sie überholte Einstellungen und selbstzerstörerisches Verhalten mit der Hilfe des schwarzen Punktes über Bord werfen. Sobald Sie den Punkt absolut schwarz sehen, fangen Sie an, festzustellen, daß Ihr Trauma der Vergangenheit eine neue Bedeutung bekommt, wenn Sie es klar betrachten.
Sie können einen Aspekt des Problems nach dem anderen lösen, Tag für Tag, und am Ende reißen Sie die Hauptwurzel heraus. Dasselbe gilt auch für Ängste in bezug auf die Gegenwart oder für überflüssige Zukunftssorgen. Der schwarze Punkt gibt Vergangenheit, Gegenwart und Zukunft eine neue Bedeutung.

## *Beziehungen*

Manche Menschen haben das Gefühl, daß sie nur mit anderen und durch andere glücklich sein können. Sie sind verzweifelt, wenn eine Beziehung am Ende ist oder wenn sie einige Zeit allein sein müssen. Sicher, Beziehungen sind wichtig, und eine Trennung kann eine traumatische Erfahrung sein. Aber jede Wunde heilt nach einiger Zeit. Wenn Sie allein nicht glücklich sein können, können Sie auch mit anderen nicht wirklich glücklich sein. Sie neigen dazu, jede Beziehung zu zerstören, indem Sie sich an den anderen Menschen klammern, weil Sie von anderen zu abhängig sind. Durch Ihre besitzergreifende Haltung fühlen sich andere unbehaglich.

Wenn Sie sich oft allein oder von der Gnade anderer Menschen abhängig fühlen, dann können Se den schwarzen Punkt benutzen, um zu überprüfen, ob Ihre Einstellung noch auf die Mitte ausgerichtet ist. Wenn Sie eine mehr auf die Mitte ausgerichtete Haltung mit mehr Selbstvertrauen entwickeln, werden sich bald neue, glückliche Beziehungen spontan entwickeln. Sie werden auch in der Lage sein, Ihre eigene Gesellschaft zu genießen, wenn sonst niemand da ist, mit dem das Zusammensein lohnt.

Alle Ihre Beziehungen können glücklich sein, solange Ihre Einstellung realistisch ist. Die Rolle, die Sie spielen, sollte der Situation angemessen sein. Schließen Sie die Augen für einen Moment, und denken Sie an einen Menschen, der Sie unglücklich macht. Nun versuchen Sie, sich einen vollkommen schwarzen Punkt neben der Person vorzustellen. ... Das schaffen Sie nicht! ... Einfach weil Sie den Punkt nicht vollkommen schwarz sehen können, wenn Sie unglücklich sind. Doch sehen Sie jetzt Ihre Beziehung zu der Person anders: ... als Nachbarn ... als seelischen Fall, der Ihre Hilfe braucht ... als nützliche Bekanntschaft ... als Geschäftspartner ... oder in einer anderen Stadt tausend Kilometer entfernt.

Jedesmal, wenn Sie sich Ihre Beziehung zu dem Menschen anders vorstellen, versuchen Sie nun einmal, sich den schwarzen Punkt neben ihm vorzustellen. Durch solches Herumprobieren finden Sie heraus, welche Beziehung die richtige ist, wenn nämlich der Punkt vollkommen schwarz erscheint.

Aber können Sie wirklich eine glückliche Beziehung zu einem Gegner, Konkurrenten oder Feind haben? Natürlich können Sie das! Gegner sind nützlich, sie kennen einige Ihrer Schwächen, sie erteilen Ihnen Lektionen, die Sie brauchen, sie können Ihnen helfen, erwachsen zu werden. Sie sollten ihnen dankbar dafür sein. Ohne sie würden Sie bald selbstgefällig und schlaff werden.

Ihre Beziehung zu einem geliebten Menschen mag sehr subtil und kompliziert sein, aber auch hier gilt die Regel: Sie werden mit diesem Menschen nur so lange glücklich sein, wie die Beziehung zu ihm realistisch, spontan und voller Freude ist. Sie werden beide unglücklich sein, wenn sich Illusionen und Lügen einschleichen.

Auch Ihre Einstellung zu Tieren, Pflanzen und unbelebten Gegenständen muß realistisch sein, sonst machen auch die Sie unglücklich. Ihr Geld und Ihr Besitz kann ein Segen sein, aber beides wird zum Fluch, wenn Sie die falsche Einstellung dazu haben.

## *Prioritäten*

Fast alles, was Sie tun oder denken, macht Sie glücklich, solange Sie ganz tief innen fühlen, daß die betreffende Angelegenheit wichtig ist, daß sie die Nummer eins auf der Liste Ihrer Prioritäten ist. Aber immer, wenn Sie etwas tun, was Ihnen keinen Spaß macht, dann liegt das vermutlich daran, daß Sie das Gefühl haben, Sie sollten erst etwas Wichtigeres erledigen und nicht Ihre Zeit vergeuden.

Selbst Langeweile ist eine Form von Verspannung, die Sie daran hindert, sich auf wichtige Dinge zu konzentrieren. Wenn Sie die Augen schließen und sich verschiedene Aktivitäten vorstellen, dann ist die, bei der Sie den Punkt wirklich tiefschwarz sehen, diejenige, die Sie zuerst tun oder planen sollten; und deren Ausführung oder Planung wird Ihnen im Moment am meisten Spaß machen. Selbst Dinge, die Sie normalerweise ungern machen, beispielsweise Geschirr spülen oder einen unangenehmen Menschen besuchen, können sinnvoll werden, wenn Sie dabei auf die Mitte ausgerichtet sind. Sie werden dann wirklich beteiligt sein, und Ihr Herz wird bei der Sache sein.

Alle Menschen haben einen zentralen Wunsch: das Leben zu genießen. Alle versuchen, auf ihre Weise glücklich zu sein, selbst jene, die sich selbst unglücklich machen, indem sie sich über alles beklagen, und auch die Übeltäter, die nur sich selbst verletzen, wenn sie andere verletzen.

Wenn Sie mit diesen Menschen zu tun haben, denken Sie daran, daß sie in Wirklichkeit dasselbe Ziel wie Sie verfolgen, nur sind sie unterwegs auf Seitenpfade geraten. Vielleicht können Sie ihnen ein fühlsam und nach und nach den Weg zum wahren Glück zeigen, ohne jedoch zu predigen. Oder Sie können ein glückliches Beispiel sein. Aber denken Sie daran, daß diese

Menschen Sie tief innen beneiden oder hassen könnten, und vielleicht wollen sie Sie in ihre verworrene Welt hineinziehen.
Bleiben Sie unerschütterlich in Ihrer eigenen Welt. Versuchen Sie nicht, den anderen einen Gefallen zu tun, indem Sie sich deren fehlgeleiteten Zielen und Gewohnheiten anschließen. Am Ende werden die anderen Ihre Prinzipien respektieren und sich vielleicht fragen, wo Ihr Geheimnis liegt. Aber es wäre vergebens, ihnen von Ihrem Geheimnis zu erzählen, solange sie nicht zu Ihnen kommen und um Rat fragen.

## Der Punkt als Lügendetektor

Sie können den schwarzen Punkt als Ihren persönlichen Lügendetektor benutzen. Setzen Sie ihn ein, um sich selbst von den Lügen und Illusionen zu befreien, die Sie unglücklich machen. Das meiste menschliche Elend wird durch solche Illusionen verursacht.
Schließen Sie die Augen einen Moment, und stellen Sie sich den Punkt richtig schwarz vor ... Jetzt sagen Sie etwas, das eindeutig nicht stimmt, beispielsweise: „Heute ist der 15. Juli.“ Im selben Moment verlieren Sie den schwarzen Punkt aus dem Blick, und Sie fühlen sich auch unbehaglich. Warum? Weil Sie gelogen haben, weil Sie etwas gesagt haben, das nicht der Wirklichkeit entspricht.
Jetzt schließen Sie die Augen noch einmal. Stellen Sie sich den Punkt richtig schwarz vor, und nennen Sie das korrekte Datum. Diesmal bleibt der Punkt schwarz, und Sie fühlen sich gut. Als Lügendetektor funktioniert der schwarze Punkt jederzeit, und das wurde auch von Augenspezialisten bestätigt.
Auf dieselbe Weise können Sie in Ihrem Kopf die Spreu vom Weizen trennen. Alle Gedanken, Vorstellungen, Ideen und Einsichten, die Ihnen kommen, während Sie sich fröhlich den schwarzen Punkt in absoluter Schwärze vorstellen, werden im Einklang mit dem Leben und mit Ihnen selbst sein. Sie werden im allgemeinen nützlich, aufschlußreich und befolgenswert sein. Am besten machen Sie sich Notizen, sobald solche Gedanken auftauchen. Manchmal können Sie sich einfach bestimmte Schlüsselwörter notieren, ohne daß Sie die Augen öffnen oder das Licht einschalten müssen.
Entsprechend können Sie davon ausgehen, daß alle Gedanken, Vorstellungen, Ideen und „Einsichten“, die Ihnen kommen, während Sie angespannt,

verwirrt und unglücklich sind (und unfähig, sich den schwarzen Punkt vorzustellen), nicht im Einklang mit dem Leben stehen. Sie werden im allgemeinen nutzlos, irreführend und vielleicht sogar gefährlich sein. Sie sind es nicht wert, daß Sie bei ihnen verweilen, und am besten vergessen Sie sie gleich.

## *Basteln Sie sich ein Mobile*

Mobiles können einem Raum eine fröhliche, künstlerische Note verleihen. Die Einzelteile scheinen frei in der Luft zu schweben und sich an unsichtbaren Fäden aufgehängt zu bewegen. Sie können alle möglichen Mobiles entwerfen, sogar Formen, die den schwarzen Punkt einbeziehen.

Für die Absichten dieses Buches ist ein Mobile besonders nützlich, denn es trägt dazu bei, die Augen in Bewegung zu halten. Wie Sie in Kapitel 10 über die Beweglichkeit sehen werden, funktionieren Augen und Geist am besten, wenn sie ständig den Gegenstand, der Sie im Moment am meisten interessiert, abtasten und um ihn herumwandern. Der größte Feind geistiger und visueller Leistung ist Stillstand. Immer wenn die Augen anfangen zu starren, muß auch der Geist stillstehen. Ein Mobile trägt dazu bei, die Angewohnheit des Starrens abzulegen.

Jedes beliebige Mobile dient diesem Zweck, aber im Zusammenhang mit dem vorliegenden Buch können Sie sich ein „Mobile mit schwarzem Punkt" basteln, das aus konzentrischen Kreisen mit einem Punkt in der Mitte besteht. Dafür brauchen Sie nur 2 Stücke feste Pappe, je ein schwarzes und ein weißes, und 2 Meter dünnes graues oder transparentes Garn. Wenn die schwarze Pappe schwer zu bekommen ist, können Sie auch jede andere nehmen und sie mit schwarzem Papier bekleben oder mit schwarzer Tinte anmalen.

Schneiden Sie 3 weiße und 2 schwarze Kreise und eine schwarze Scheibe aus. Kleben Sie sie dann provisorisch mit Klebeband auf eine glatte Oberfläche, und verbinden Sie sie mit dem Faden; dazu nehmen Sie entweder Klebstoff, oder Sie nähen das Mobile zusammen. Hängen Sie das fertige Mobile an einen Platz, an dem Sie es oft sehen und wo es ständig vom Luftzug bewegt wird.

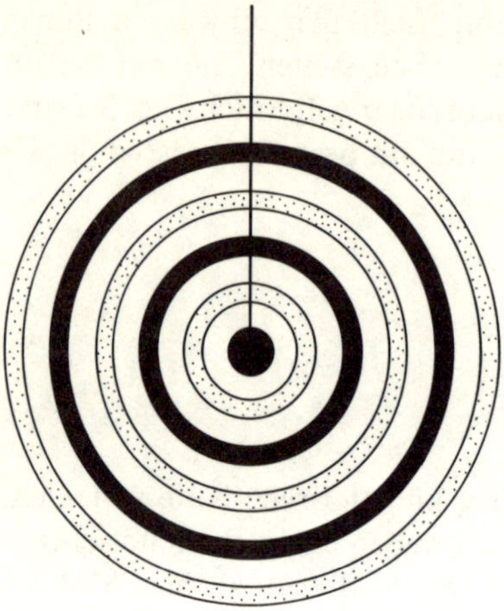

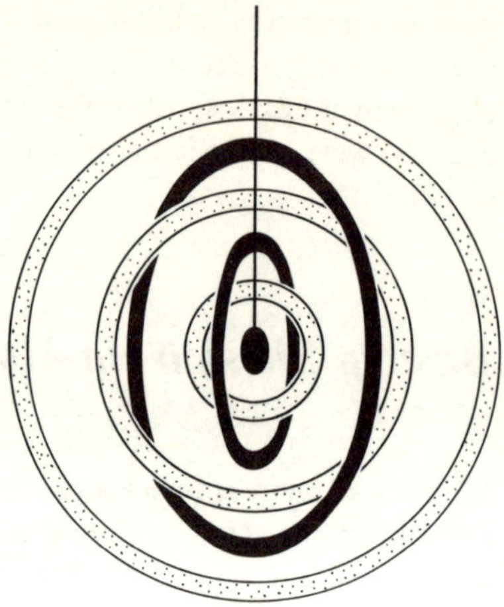

**Hier sind noch einmal die 7 Stadien im einzelnen:**

***Stadium 7:***

Außerhalb der Kreise. Das ist der Zustand, den alle Menschen hin und wieder erleben, und den das Buch zu vermeiden hilft. Das Leben wirkt kompliziert und verwirrend. Kurze, oberflächliche Freuden wechseln mit langen Zeiten der Frustrationen oder Langeweile ab. Die meisten Dinge erfordern große Anstrengung. Ihr Denken und Handeln scheint gekünstelt, es fehlt an Spontanietät. Sie fühlen sich verloren, ausgeschlossen, und Sie versuchen, zur Mitte zurückzufinden. Die Welt wirkt wie ein fremder Ort, an dem Sie sich nicht zu Hause fühlen können. Irgendwie sind Sie anfällig für Unfälle, werden von anderen Menschen leicht mißverstanden. Es gibt reichlich körperliche und geistige Spannung, und Sie können sich nicht wirklich entspannen, nicht einmal in der Freizeit.

***Stadium 6:***

Sie bemerken ein Gefühl der Erleichterung. Sie sind weniger betroffen von den Belastungen des Alltags. Statt sich nur hin und wieder oberflächlich zu entspannen, erleben Sie manchmal inneren Frieden. Sie spüren ein angenehmes Körperbewußtsein, bessere körperliche Gesundheit. Diese neugewonnene Fähigkeit zur Entspannung kann bei Menschen, die ständig angespannt waren, grundlegende Verändeungen bewirken. Aber es ist nur ein 1. Schritt auf der Reise in ein glücklicheres Leben. Halten Sie diese 1. Ebene nicht für das Ziel des Buches. Es kommt noch viel mehr.

***Stadium 5:***

Während Sie in entspanntem Zustand sind, kommen Ihnen kluge Ideen und blitzartige Einsichten. Lösungen für Alltagsprobleme schießen Ihnen durch den Kopf. Sie merken plötzlich, daß ein quälendes Problem, das Sie schon einige Zeit belastete, einfach verschwindet, wenn Sie es unter einem anderen Blickwinkel betrachten. Andere Probleme werden zu interessanten Herausforderungen, wenn Sie sie mit der richtigen geistigen Einstellung angehen. Als Folge davon erfordert Ihr Alltagsleben weniger Anstrengungen, und Sie schaffen mehr mit weniger Aufwand. Ihr Denken orientiert sich mehr an Lösungen. Wo Sie vorher Probleme sahen, denken Sie jetzt über Lösungen nach, und das in allen Lebensbereichen.

***Stadium 4:***

Im Alltagsleben bemerken Sie, daß Sie beweglicher und einfallsreicher werden. Sie denken und handeln mit mehr Ideenreichtum. Sie benutzen die Umstände, wie sie eben sind, und reagieren geschickter auf die täglichen Ereignisse. Ihre Beziehungen entwickeln sich herzlicher und beruhen auf Gegenseitigkeit. Der Geist ist offen für unerwartete Freuden am Wegesrand. Das Leben wirkt reicher und bunter.

***Stadium 3:***

Die Welt fängt an, einen Sinn zu bekommen. Sie entwickeln ein Gespür für Ziel und Bedeutung. Statt wie eine Maschine durch den Tag zu hasten, getrieben von der Notwendigkeit, werden Sie sich Ihres wahren Ziels bewußt, und Sie behalten dieses allumfassende Ziel im Kopf. Selten werden Sie von unwichtigen Einzelheiten und oberflächlichen Erscheinungen abgelenkt. Sie sind häufiger in Kontakt mit Ihrer Mitte.

***Stadium 2:*** Sie werden sich der Gegenwart bewußt und fangen an, hier und jetzt zu leben. Sie merken, daß Vergangenheit und Zukunft, wie Sie sie wahrnehmen, weitgehend Verlängerungen Ihres gegenwärtigen Geisteszustands sind. Sie sehen, daß es kein kein objektives Gestern oder Morgen gibt, sondern nur Ihre subjektiven Vorstellungen von dem, was vergangen ist und was noch kommen wird. Während Sie beginnen, in jedem Augenblick zu leben und jeden Augenblick zu genießen, erscheinen Probleme der Vergangenheit und der Zukunft in einem anderen Licht und lösen sich nach und nach auf. Gefühle von Bedauern, Schuld und Selbstmitleid verlieren ihre Macht und werden langsam immer schwächer. Sorgen und Ängste um die Zukunft verschwinden, weil Sie wissen, daß Sie jetzt das Beste tun, um der Zukunft ins Auge zu sehen, und daß Sie im Einklang mit dem Leben handeln.

***Stadium 1:*** Sie merken, daß alle Ihre Probleme mehr oder weniger selbstgemacht sind und daß sich Lösungen dafür finden werden, sobald Sie Ihre eigene Mitte gefunden haben. Darum fühlen Sie sich auch für Ihr Leben verantwortlich. Sie wissen, daß Menschen und Situationen Sie nur dann wirklich verletzen können, wenn Sie die Verbindung zu Ihrer Mitte und der allumfassenden Lebenskraft verlieren. Solange Sie mit dieser Kraft in Verbindung bleiben (und das Buch sagt Ihnen, wie Sie das machen), können Sie Ihr Leben kreativ gestalten. Sie können Ihre eigenen Bedingungen und Ihre Beziehungen zu anderen Menschen schaffen. Sie bemerken, daß Sie im allgemeinen nur jene Eigenschaften bei anderen hassen, die Sie bei sich selbst hassen oder unterdrücken. Während Sie anfangen, sich selbst zu schätzen und zu mögen, werden Ihre Beziehungen zu anderen freundlicher, objektiver und menschlicher.

***Stadium 0:*** Während Sie das oben Genannte mehr und mehr im Alltag praktizieren, erleben Sie lange Phasen innerer Einheit und Harmonie mit der Natur und allem Lebendigen. Mehr von dem, was Sie tun, paßt in den großen Plan, und Sie nehmen die Bedeutung von Ereignissen wahr. Mehr Aspekte Ihres alltäglichen Lebens werden erfreulich, und Sie fühlen die Segnung, ein Teil der kosmischen Harmonie zu sein. Das wird auch *Gipfelerfahrung* oder *Nullerfahrung* genannt.

# II. Ihre geistige und visuelle Mitte

## 7. Das Leben sehen, wie es wirklich ist

*Intelligenz ist die muntere Art,*
*Dinge so zu sehen, wie sie sind.*

George Santayana (1920)

### Lösungen statt Probleme sehen

Nachdem Sie einige Zeit mit dem schwarzen Punkt geübt haben, werden Sie anfangen, die Vorteile zu genießen.

***Sie haben ein besseres Gefühl in bezug auf sich selbst***

Sie haben ein besseres Gefühl in bezug auf sich selbst und die Welt, Sie sehen mehr Lösungen und weniger Probleme, und Sie erreichen in Ihrem Alltagsleben mehr.

***Indem Sie Ihre Augen entspannen, können Sie sich leichter geistig sammeln***

Sie werden vielleicht auch feststellen, daß Sie manchmal etwas besser sehen. Aber die Methode funktioniert anders herum genauso gut: Indem Sie Ihre Augen entspannen, können Sie sich leichter geistig sammeln und den schwarzen Punkt sehen. Ihre Augen sind wirklich ein Teil des Gehirns, und beide Organe stehen in Wechselwirkung miteinander. Indem Sie das eine beeinflussen, können Sie auch Einfluß auf das andere nehmen.

***Sie können Ihren Verstand besser gebrauchen***

Die folgenden Kapitel zeigen Ihnen unter anderem, wie Sie Ihren Verstand besser gebrauchen können, indem Sie die Kunst des Sehens lernen. Denjenigen Lesern, die in erster Linie daran interessiert sind, Sehfehler zu korrigie-

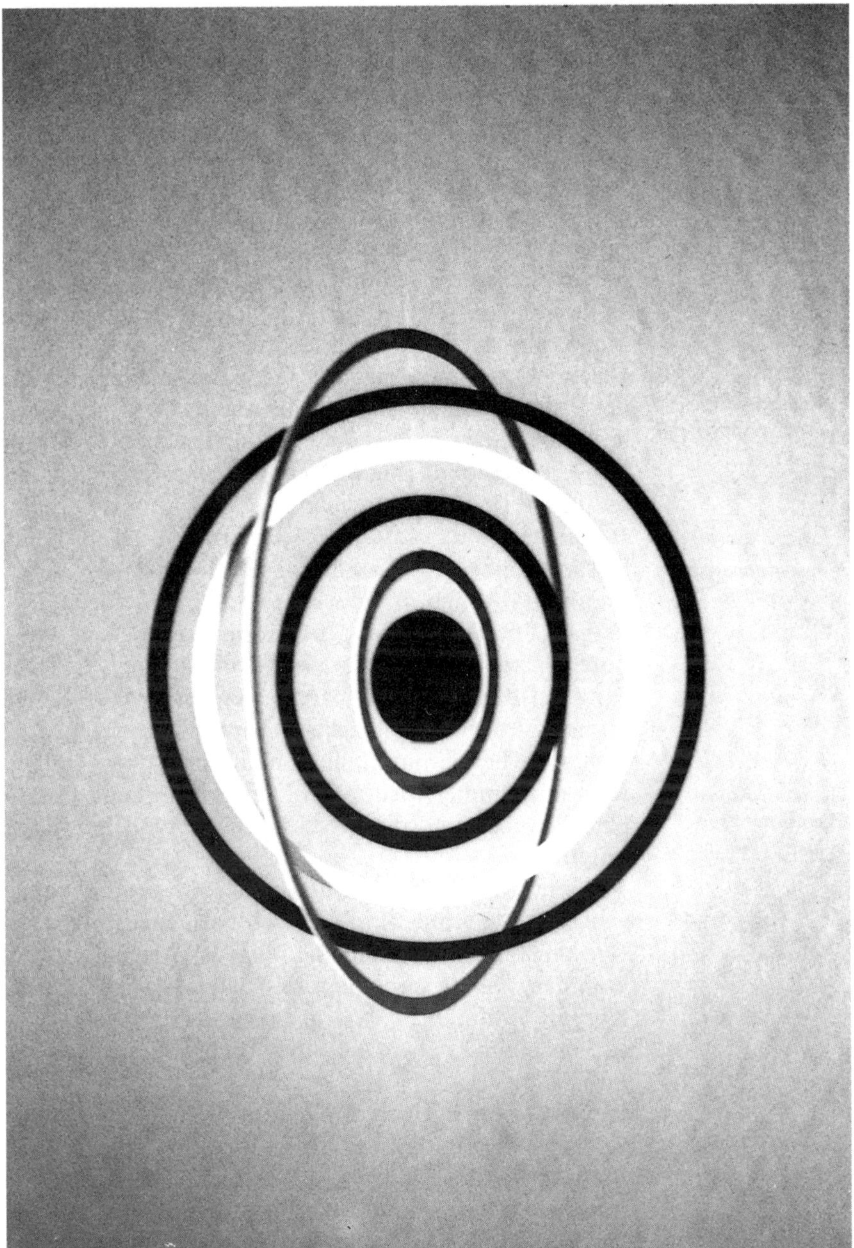

ren, etwa Kurz- oder Weitsichtigkeit, Astigmatismus, Glaukom, grauen Star oder Schielen, kann ich mein früheres Buch „Ohne Brille besser leben" (Verlag Hermann Bauer) empfehlen. Wenn Ihr Augenarzt Ihnen gesagt hat, daß mit Ihren Augen nichts zu machen ist, sollten Sie das Buch vielleicht dennoch lesen und sich eine eigene Meinung bilden. Hunderttausende von Menschen, die von den Spezialisten schon aufgegeben waren, haben mit dieser Methode Hilfe gefunden.

***„Ohne Brille besser Leben"***

Während der Teil I Ihnen ein tiefes Erlebnis innerer Sammlung mit Hilfe des schwarzen Punktes vermittelt, beschreibt der nun folgende Teil einige einfache Übungen zum Entspannen des gesamten Nervensystems. Teilweise mögen Sie mit diesen Übungen bereits vertraut sein. Aber es lohnt sich, sie hier neu zu interpretieren und auf unser Thema zu beziehen.

***Einfache Übungen zum Entspannen des gesamten Nervensystems***

Betrachten Sie also die folgenden Kapitel als eine Zusammenfassung grundlegender Kenntnisse, deren man sich oft nicht bewußt ist und die man allzu leicht vergißt. Dieses Grundwissen ist nicht nur für „Anfänger" nützlich, sondern auch für solche, die schon viel Erfahrung auf diesem Gebiet haben. Man muß diese Dinge immer wieder neu entdecken und praktizieren, und es genügt nicht, sie nur einmal zur Kenntnis zu nehmen. Man muß immer wieder den Kontakt mit dem wahren Selbst suchen und die heilende Lebenskraft im Alltag erfahren.

***Zusammenfassung grundlegender Kenntnisse***

***Immer wieder den Kontakt mit dem wahren Selbst suchen***

Wie wir schon gesehen haben, spielen dabei die Augen eine zentrale Rolle, und wir werden in den folgenden Kapiteln immer wieder auf die Sehgewohnheiten zurückkommen. Damit verbunden sind Themen wie Atmung, Körperkoordination, Beweglichkeit, Ernährung, geistige Einstellung, Lebensziele und psychosomatische Faktoren.

Wenn Sie nach einer Weile eine Verbesserung Ihres Sehvermögens feststellen, so können Sie das als einen Bonus begrüßen. Jedoch ist dies nicht der Zweck des Buches, und es geht hier vor allem um die Entspannung des Nervensystems. Starre Lebensgewohnheiten beein-

***Es geht vor allem um die Entspannung des Nervensystems***

flussen nicht nur Ihr Wohlbefinden, sondern sie sind eine Art Gewaltanwendung gegen die menschliche Natur, und sie wirken der heilenden Lebenskraft entgegen. Sie sind gewissermaßen die eigentliche Ursünde gegen die Gesetze des Lebens.

## *Verspannung kann man sich abgewöhnen*

***Faktoren, die Ihr Gleichgewicht beeinflussen***

Ihr geistiges und körperliches Gleichgewicht kann beeinflußt werden von dem, was Sie denken und was Sie essen, von Ihrer Haltung, Ihrer Umgebung, dem Wetter, dem Luftdruck, von geistigem und körperlichem Streß und anderen Faktoren. Das bedeutet umgekehrt, daß die hier beschriebenen Übungen alle Aspekte von Geist und Körper umfassen und daß sie wohltuende Wirkungen auf allen Lebensbereichen haben können.

***Ziel:***

Die Übungen sind vollkommen natürlich und ungefährlich, leicht zu verstehen und auszuführen. Das Ziel ist einfach: den Geist-Körper zum normalen, natürlichen Zustand zurückzuführen.

***Geistige und visuelle Entspannung ist kaum jemals angeboren***

Geistige und visuelle Entspannung ist kaum jemals angeboren. Gewöhnlich ist sie das Resultat von Konflikten im Elternhaus, von erzwungener Aufmerksamkeit in langweiligem und endlosem Schulunterricht, von verkrampften Arbeitsroutinen und anderen schlechten Angewohnheiten.

Aber was man sich angewöhnt hat, kann man sich auch wieder abgewöhnen. Selbst wenn Sie eine gewisse Neigung oder Schwäche geerbt haben sollten, bedeutet das nicht, daß Sie ihr hilflos nachgeben müssen. Denken Sie nur daran, daß Ihre fernen Vorfahren vor ein paar Jahrhunderten viel natürlicher lebten, als wir es heute tun.

***Geistige und visuelle Verspannung ist auch keine Alterserscheinung***

Geistige und visuelle Verspannung ist gewöhnlich auch keine Alterserscheinung. Der wichtige Faktor ist nicht Ihr Alter, sondern Ihre geistige Beweglichkeit und Ihr

Allgemeinzustand. Jedes Organ, das nicht richtig gebraucht wird, fängt früher oder später an, abzubauen. Selbst Menschen, die schon über 70 und 80 Jahre alt sind, können sich geistig, körperlich und visuell „verjüngen", wie an zahllosen Beispielen bewiesen werden konnte.

***An die Regenerationskräfte Ihres Organismus glauben***

Wenn Sie stark motiviert sind und an die Regenerationskräfte Ihres Organismus glauben, dann können Sie buchstäblich Wunder bewirken. Ebenso können Menschen aber auch ihre Gesundheit ruinieren, wenn sie diesen Glauben verlieren und ihren Körper vernachlässigen.

***Hippokrates***

Alle großen Heiler wissen das. Selbst Hippokrates, der Begründer der modernen Medizin, sagte, daß nur die Natur heilen kann und daß es die Aufgabe des Arztes sei, der Natur zu helfen. Moderne Ärzte neigen oft dazu, diese grundlegenden Gesetze zu mißachten. Sie verlassen sich statt dessen auf Chemotherapie und teure Technologie.

## *Ein typischer Fall*

Zwischen organischen und funktionellen Krankheiten gibt es kaum feste Grenzen. Man kann oft organische Fehler beeinflussen, indem man dem Körper beibringt, wieder normal zu funktionieren.

***Aldous Huxley als Beispiel***

Von besonderem Interesse ist hier der Fall von Aldous Huxley, dem weltberühmten Autor von über 30 Büchern und Theaterstücken. Durch einfache Übungen gelang es ihm, gewisse überspannte Denk- und Lebensgewohnheiten abzulegen und seine Sehfähigkeit grundlegend zu verbessern, nachdem einige der führenden Augenspezialisten der Welt seinen Zustand als hoffnungslos bezeichnet hatten.

Sein ganzes Leben lang hatte er unter Augenproblemen und nervöser Verspannung gelitten. Zeitweilig mußte er beim Lesen auf die Braille-Blindenschrift zurückgreifen, und er konnte das Haus nicht ohne einen Begleiter verlassen. Im Alter von 40 Jahren konnte er nur noch mit den stärksten Brillengläsern lesen und litt fast täglich unter Ermüdungserscheinungen der Augen und unter Kopfschmerzen. Verschiedene hervorragende Spezialisten hatten seine Krankheit mit größter Genauigkeit diagnostiziert und die richtigen Gläser verschrieben. Aber sie hatten nichts für seine Augen getan. Sie hatten die Beschwerden nur gelindert, indem sie ihm künstliche Linsen verpaßten.

***Der Prozeß des Sehens ist in Wirklichkeit ein geistiger***

Nicht ein einziges Mal hatten sie erwähnt, daß der Prozeß des Sehens in Wirklichkeit ein geistiger ist, weil die Augen Teil des Gehirns sind. Offensichtlich wußten sie nicht, daß es richtige und falsche Wege gibt, die Augen zu benutzen. Sie waren nur mit der Technik des Sehens beschäftigt, als säßen die Augen in einem Vakuum und hätten nichts zu tun mit dem menschlichen Wesen Aldous Huxley.

Doch eines Tages hörte er von einer Sehlehrerin, die in dem Ruf stand, bemerkenswerte Ergebnisse zu erzielen. Nach 2 Monaten Training war Huxley in der Lage, zum erstenmal in seinem Leben ohne Brille zu lesen. Die Übermüdung und Erschöpfung der Augen waren auch verschwunden, und er litt nicht mehr unter Zeiten geistiger Müdigkeit. Eine dunkle Stelle auf der Hornhaut, der Anfang eines grauen Stars, verschwand auch.

***Einfache Übungen führten dazu, daß er Augen und Geist richtig benutzen konnte***

Durch einfache Übungen hatte er gelernt, Augen und Geist richtig zu benutzen. Er verstand jetzt die komplizierten Wechselbeziehungen zwischen dem Geist, dem Körper, der Umgebung und den Augen, die die meisten Fachärzte nicht beachten. In seinem Buch „Die Kunst des Sehens“ beschrieb er seine Einsichten.

## Die moderne Medizin macht sich bezahlt

Die moderne Medizin lehrt die technische Denkweise und konzentriert sich auf Krankheiten. Die Lehrbücher zählen Tausende von Krankheiten auf, sagen aber wenig oder gar nichts über die Gesundheit. Die Studenten lernen, wie man unzählige teure Medikamente und Instrumente anwendet. Aber sie lernen wenig über die Kunst, die natürlichen Heilungsprozesse zu unterstützen oder Krankheiten von vornherein einmal vorzubeugen. Regierungen und andere Institutionen scheinen auch unfähig oder nicht gewillt, die Öffentlichkeit zu informieren oder natürliche Heilmethoden zu unterstützen.

***China ist das einzige Land mit einem Programm zur Verbesserung der Sehkraft seiner Bewohner***

Das einzige Land mit einem Programm zur Verbesserung der Sehkraft seiner Bewohner ist China.

Traurige Tatsache ist, daß sich das Geschäft mit der Vorbeugung nicht auszahlt und daß es wenig Raum dafür gibt in einer profitorientierten Gesellschaft. Es bringt mehr ein, zu warten, bis die Menschen krank werden, und ihnen dann teure Heilmittel anzubieten.

***Grauer Star***

Ein Beispiel dafür ist die Operation des grauen Stars. Bei mehr als 200 000 Amerikanern werden jährlich die Linsen entfernt, mit Gesamtkosten von etwa 1000 Millionen Dollar. Der Patient bezahlt durchschnittlich 2500 Dollar pro Linse, und ein ehrgeiziger Augenchirurg kann täglich 10 Operationen durchführen. Obwohl der graue Star im Anfangsstadium meistens auf natürliche Heilmethoden reagiert, warten die Ärzte einfach, bis er „reif" ist für die lukrative Operation. In der Zwischenzeit muß der Patient etwa 1 Jahr lang einen Zustand teilweiser Blindheit ertragen.

Nur wenige Augenärzte geben ihren Patienten eine Chance, den alternativen Weg auszuprobieren, der so gut wie nichts kostet. Die Zeitschrift „Prevention Magazine" (Mai 1981) berichtete über einen Arzt, der 90 % der Fälle von grauem Star im Anfangsstadium erfolgreich mit natürlichen Methoden behandelte, hauptsächlich durch die Vitamine A, B, C und E.

***Im Anfangsstadium erfolgreich mit natürlichen Methoden behandeln***

Adelle Davis, die bekannte Autorin von Ernährungsbüchern, fand heraus, daß die meisten Patienten mit grauem Star in den 6–8 Monaten vor der Operation unter schwerem Streß oder falscher Ernährung gelitten hatten. Es gelang ihr, bei Hunderten von Menschen den grauen Star allein durch die Ernährung zu mildern.

***Den grauen Star allein durch die Ernährung mildern***

In den letzten Jahren hat die Erkrankung epidemische Formen angenommen. Der graue Star ist zu einem weiteren Punkt auf der wachsenden Liste der Degenerationskrankheiten geworden, gegen die die moderne Medizin hilflos zu sein scheint. Wir werden uns diesem Thema in einem späteren Kapitel genauer zuwenden.

## *Streß im Alltag*

In den meisten Industrieländern, vor allem in den USA und Japan, benutzen über 60 % der Bevölkerung eine Brille oder Kontaktlinsen. Weitere 30 % (mehr oder weniger) kommen ohne visuelle Hilfen noch zurecht, auch wenn ihre Augen nicht allzu gut funktionieren. Also bleiben etwa 10 % der Bevölkerung mit wirklich guten Augen.

***Nur 10 % der Bevölkerung haben gute Augen***

Andererseits wissen wir, daß die meisten „primitiven" Menschen, die unter natürlichen Bedingungen leben, sich bis ins hohe Alter perfekter Sehkraft erfreuen. Selbst in Ländern wie dem heutigen China bemerkt der Reisende überrascht, daß Brillen fast vollkommen fehlen, und gleichzeitig fehlt auch der Autoverkehr weitgehend. Die Chinesen leben noch in ziemlicher Nähe zu den Elementen, und die meisten von ihnen gehen zu Fuß oder nehmen das Fahrrad zur Arbeit oder zum Markt.

***In China fehlen Brillen fast vollkommen***

Das genaue Gegenteil gilt für Japan, ein Land, das bekannt ist für sein Verkehrschaos, die Luftverschmutzung durch Autos und die bebrillten Bewohner. Der Hauptgrund für diesen Unterschied zwischen beiden Ländern ist im unterschiedlichen Grad des geistigen Stresses im Alltag zu suchen.

***Ganz anders in Japan***

In Ihrem Fall besteht die gute Chance, daß Sie zu den 90 Prozent gehören, deren Augen alles andere als perfekt sind. Da visuelle und geistige Wahrnehmung so eng zusammenhängen, können Sie erwarten, den schwarzen Punkt leichter zu sehen, wenn Sie mehr auf Ihre Sehgewohnheiten achten.

***Künstliche Linsen können die Sehkraft nie verbessern***

Es gibt einige ganzheitliche Methoden, durch die Sie Ihr geistiges und visuelles Gleichgewicht verbessern können. Künstliche Linsen können die Sehkraft nie verbessern, sie sind bestenfalls ein notwendiges Übel. Sie stören die selbstregulierenden Kräfte des Auges und des Geistes. Wenn die Augen sich erst einmal an die Brille gewöhnt haben, versuchen sie nicht mehr, sich anzupassen, und die Fehlsichtigkeit wird zum Normalzustand. Brillen sind auch störend, denn sie engen das Gesichtsfeld ein, und außerdem sind sie zerbrechlich und teuer.

***Sie lassen eine geistig-körperliche Verspannung zum Normalzustand werden***

Allgemein gesagt wirken sich künstliche Linsen auf den ganzen Menschen ungünstig aus, da sie eine geistig-körperliche Verspannung zum Normalzustand werden lassen. Trotzdem sind sie aus praktischen Gründen und bei angeborenen Sehschwächen oft unumgänglich.

Starre Denk- und Sehgewohnheiten sind also fast nie angeboren, und man kann sie auch nicht als eine Alterserscheinung betrachten. Obwohl beispielsweise die Linsen im Augapfel im Alter oft härter werden, so können sich die Augen immer noch auf Entfernungen einstellen. Dies geschieht dadurch, daß gewisse äußere Muskeln die Form des ganzen Augapfels verändern und so die Brennweite einstellen können.

***Leute, die Brillen tragen, haben ein begrenztes Gesichtsfeld***

Aber bei Menschen unserer Tage neigen diese Muskeln dazu, träge, steif und verkürzt zu sein. Vor allem Leute, die eine Brille tragen, haben ein begrenztes Gesichtsfeld und bewegen die Augen kaum. Gesunde Augen dagegen sind beweglich und lebendig und haben ein weites Gesichtsfeld.

## *Entdecken Sie Ihre visuelle Mitte*

***Fovea centralis***

Es gibt einen Bereich in der Mitte der Netzhaut, die *Fovea centralis,* in dem die Sicht am schärfsten ist. Sie ist so klein, daß sie nur den Bereich eines Punktes auf dieser Seite oder eine kleine Münze in 7 Metern Entfernung wahrnimmt. Gesunde Augen haben in diesem Bereich ein fast mikroskopisches und teleskopisches Sehvermögen. Es ist, als könnten sie einen Laserstrahl auf jeden Gegenstand richten, den sie klar sehen wollen. „Primitive" Menschen, die in der Natur leben, sehen mit zentraler Fixierung. Sie können Dinge erkennen, für die wir ein Teleskop oder ein Mikroskop brauchen würden.

***Dezentrale Fixierung***

Jeder Seh- und Denkfehler wird begleitet von *dezentraler* Fixierung, also vom Gegenteil zentraler Fixierung. Mit anderen Worten: Sie sehen nicht die Mitte Ihres Gesichtsfelds am schärfsten, und Ihr Geist funktioniert nicht optimal. Sie können das überprüfen, wenn Sie versuchen, einen Stern zu betrachten, der nachts kaum sichtbar ist. Sehen Sie ihn am besten, wenn Sie ihn direkt angucken? Oder erkennen Sie ihn besser, wenn Sie leicht seitlich an ihm vorbeiblicken?

***Ihre Augen sollen mit zentraler Fixierung sehen***

Mit Hilfe dieses Buches können Sie Ihre Augen lehren, mit zentraler Fixierung zu sehen. Dadurch sind Sie auch in der Lage, sich den schwarzen Punkt vorzustellen. Wenn Sie lernen, die Mitte am besten zu sehen, wird Ihre Konzentrationsfähigkeit besser, genau wie Ihr Gedächtnis und Ihre bildliche Vorstellungskraft, und Ihr gesamter Geist-Körper funktioniert leichter und wirkungsvoller.

Die Gewohnheit, „an den Dingen vorbeizusehen", entsteht bei den meisten Menschen in der Schule, wo sie jahrelang gezwungen werden, langweiliges Material zu

***Es ist nie zu spät!***

betrachten und zu studieren. Es ist jedoch nie zu spät, diese Gewohnheit wieder abzulegen und Geist und Augen auf die wirkliche Mitte zu konzentrieren.

# 8. Das heilende Licht

*Das Licht ist wahrlich süß, und*
*es ist ein erfreulich Ding für*
*die Augen, die Sonne zu erblicken.*

Salomo 7

## Die entspannende Wärme

***Alle Übungen sollen Spaß machen***

Jetzt kommen wir zum praktischen Teil des Buches, und wir machen ein paar einfach Übungen. Denken Sie immer daran, daß alle Übungen und Techniken Spaß machen sollen. Einige werden Ihnen besser gefallen als andere. Aber Sie müssen sich nie zu irgend etwas zwingen oder sich anstrengen, um zu Ergebnissen zu kommen. Eine Absicht des Programms ist ja ausdrücklich die Entspannung, damit Geist und Augen zur Normalität zurückkehren können. Wenn Sie merken, daß Sie mit einer Übung nicht zurechtkommen, lassen Sie sie einfach aus und machen die nächste. Gehen Sie an das ganze Programm spielerisch heran. Lassen Sie die Ergebnisse von selbst kommen.

***Durch Entspannung sollen Geist und Augen zur Normalität zurückkehren***

***Geistige Verspannung wird immer von Spannung im Auge begleitet***

Nur wenige Menschen wissen, daß geistige Verspannung immer von Spannung im Auge begleitet wird. Ihr erster Schritt zur Besserung liegt daher in der Erkenntnis, daß Ihre Augen angespannt sind. Vermutlich sind sie schon seit Jahren angespannt.

Um Ihr inneres Gleichgewicht wiederzugewinnen, lernen Sie jetzt, die Muskeln im Gesicht, am Nacken und in den Augen zu entspannen. Oder mit anderen Worten: Sie werden die Angewohnheit *verlernen,* diese Muskeln anzuspannen.

Darum fangen wir jetzt mit einer Sitzung in der Sonne an. Durch das warme Licht der Sonne oder einer starken Lampe werden die Muskeln im Augapfel und um ihn

herum gelockert. Die warmen Strahlen regen auch die Durchblutung um die Augen herum an.
In den vergangenen Jahren haben Sie wahrscheinlich vergessen, wie es sich anfühlt, wenn Sie Ihre Augen ohne Anspannung und Anstrengung benutzen. Vielleicht glauben Sie sogar, daß Sie sich große Mühe geben müssen, um etwas gut zu machen, daß Sie sich ständig zwingen müssen, um Erfolg zu haben und mitzuhalten. Aber wenn es um die Fähigkeit geht, klar zu sehen (und zu denken), müssen Sie genau umgekehrt herangehen.

***Perfektes Sehen ist anstrengungslos und leicht***

Perfektes Sehen ist anstrengungslos und leicht. In ein paar Minuten werden Sie den Unterschied zwischen angespannten und entspannten Augen erleben. Wenn Sie Ihre geschlossenen Augen den warmen, beruhigenden Lichtstrahlen aussetzen, bringen Sie sie ihrem natürlichen Zustand einen Schritt näher.
Diese einfache Methode ist so wirkungsvoll, weil die Augen Lichtorgane sind und bei Licht prachtvoll gedeihen. Menschen und Tiere, die monatelang im Dunkeln eingesperrt werden, verlieren nach und nach ihr Augenlicht.

## *Wenn nötig, nehmen Sie eine Lampe*

***Wirkung der Sonnenstrahlen***

Wenn Sie in der Sonne sind, nimmt Ihr Körper ein breites Spektrum an Strahlen auf, von denen das sichtbare Licht nur ein kleiner Teil ist. Sonnenstrahlen, die ins Auge gelangen, regen die Netzhaut, bestimmte Nerven und sogar Drüsen an. Aber vermutlich gehören Sie zu der Mehrzahl der Menschen, die einen großen Teil ihrer Zeit in geschlossenen Räumen verbringen.
Unsere fernen Ahnen dagegen lebten vorwiegend im Freien. Sie kamen nicht durch künstliches Licht in Versuchung, abends lange aufzubleiben und morgens spät aufzustehen, wenn die Sonne schon seit Stunden scheint. Sie kannten keine Glasscheiben, die lebenswich-

tige Teile des Spektrums herausfiltern. Vor allem saßen sie nicht jeden Tag stundenlang bei Neonlicht, von dem bewiesen ist, daß es die Augen und das Nervensystem schädigt.

***Experimente von Dr. John Ott***

Die Experimente von Dr. John Ott auf diesem Gebiet sind aufschlußreich. Die meisten Pflanzen, die er unter künstlichem Licht großzog, zeigten Abweichungen vom Normalen. Manche hatten unterentwickelte Blätter oder Blüten, manche wuchsen verkehrt herum, und manche wuchsen überhaupt nicht. Tiere, die unter solchen Bedingungen aufgezogen wurden, zeigten Anzeichen von Degeneration, sie verloren ihr Fell, wurden unfruchtbar oder starben vorzeitig. All das beweist, daß Sonnenlicht wesentlich für unsere Gesundheit ist.

***Sonnenlicht ist wesentlich für unsere Gesundheit***

Das Leben auf der Erde hat sich über Milliarden von Jahren hinweg unter dem gesamten Spektrum des Lichts entwickelt, und ohne die Sonne gäbe es überhaupt kein Leben. Unsere Ahnen verehrten diesen strahlenden Energieball, und sie benannten den heiligen Tag der Woche, Sonntag, zu seinen Ehren. Wenn Sie sich sonnen, können Sie jeden Tag zu einem Sonntag oder einem Ferientag machen.

***Sonnenübung***

An einem sonnigen Tag sollten Sie die geschlossenen Augen morgens und nachmittags etwa 5 Minuten im Freien der Sonne aussetzen. Wenn das Wetter oder die Umstände das nicht erlauben, können Sie eine reflektierende Glühbirne mit 100 Watt nehmen. Manche Hersteller bezeichnen diese Birnen als „spot light", weil das Licht durch eine Spiegelfläche innen gebündelt wird. Gewöhnliche Glühbirnen für den Hausgebrauch sind nicht intensiv genug, und ultraviolette oder andere spezielle Lampen sind auch nicht geeignet. Am besten wäre eine Glühbirne mit dem vollen Spektrum. Aber es scheint, daß sie zur Zeit nur in den USA hergestellt werden.

Stellen Sie die Lampe etwas erhöht in einer Entfernung von gut 1/2 m vor Ihrem Gesicht auf. Die Lichtintensität entspricht dann mehr oder weniger der der Sonne. Korrigieren Sie die Entfernung, wenn Sie sich unbehaglich fühlen. Wenn Sie sich in heißem Klima im Freien sonnen, vermeiden Sie die harte Mittagssonne.

***Genießen Sie jede Minute des Sonnens***

Genießen Sie jede Minute des Sonnens. Wenn Sie es nicht genießen, spannen sich Ihre Augen an, und Sie bekommen vielleicht sogar Kopfschmerzen. Wenn Sie das Gefühl haben, daß das Sonnen zu einer unangenehmen Pflicht wird oder daß Ihre Augen genug haben, hören Sie einfach auf und machen ein anderes Mal weiter.

***Stellen Sie sich vor, daß die Sonne Ihre Augen wärmt***

Selbst wenn die Sonne nicht scheint und Sie keine Lampe zu Hand haben, hilft es, wenn Sie sich vorstellen, daß die Sonne Ihre Augen wärmt. Entspannen Sie sich einfach, und stellen Sie sich vor, wie Sie in einem wunderschönen Garten sitzen ... Sie riechen den Duft der Blumen, und Ihre Augen nehmen die heilenden Strahlen der Morgensonne auf.

## Wenn Sie Licht störend finden

***Sind Ihre Augen lichtempfindlich, weil sie ständig angespannt und belastet sind?***

Vielleicht sind Ihre Augen gerade jetzt lichtempfindlich, weil sie ständig angespannt und belastet sind. Jede Art von geistiger oder körperlicher Anstrengung hat eine derartige Wirkung auf die Augen, genau wie eine Erkältung oder ein Kater.

Wenn das Licht stört, setzen Sie die Augen anfangs nur eine oder 2 Minuten der Sonne aus, wobei Sie, wenn nötig, jeweils ein Auge abdecken. Wenn die Augen sich mehr und mehr entspannen, werden sie anfangen, das Licht zu genießen.

Manche Leute sind davon überzeugt, daß sie ihre Augen vor der Sonne schützen müssen. Sie vermeiden genau das Licht, das heilen würde. Aber Sie werden während der Sitzungen erleben, wie wohltuend Lichtstrahlen sind, solange Ihre Augen und Ihr Geist entspannt sind.

***Verzichten Sie auf Ihre Brille***

Übrigens, auch die Brille oder die Kontaktlinsen, die Sie tragen, nehmen Ihren Augen lebenswichtige Teile des Spektrums. Das ist ein Grund mehr, sooft wie möglich auf diese Hilfsmittel zu verzichten.

***Nachteile der Sonnenbrille***

Eine Sonnenbrille ist in dieser Hinsicht noch schlimmer, weil sie die Pupillen offenhält und so bestimmte unerwünschte Strahlen hereinläßt. Wenn Sie die Augen entspannen, werden Sie merken, daß Sie immer lichtunempfindlicher und immer unabhängiger von der Sonnenbrille werden. Aber wenn das Licht von unten reflektiert wird, beispielsweise durch Schnee oder Wasser, dann können Sie einen Schutzschirm oder einen Hut tragen, um einen Teil des grellen Lichts abzuhalten. Auf jeden Fall sollten Sie es vermeiden, in die Sonne zu sehen oder direkte Lichtstrahlen ungehindert auf die Netzhaut fallen zu lassen.

***Nicht in die Sonne sehen!***

## *Vorbereitung zum Sonnen*

Fangen Sie damit an, daß Sie sich entspannt, aber aufrecht hinsetzen, so daß Sie frei atmen können. Nehmen Sie die Brille ab, oder entfernen Sie die Kontaktlinsen. Plazieren Sie eine Übungskarte in der Entfernung, in der Sie die Buchstaben am deutlichsten erkennen können. (Am Ende des Buches befinden sich Karten zum Ausschneiden.)

> Anmerkung: Im folgenden Text sind alle Übungen herausgehoben, so daß Sie sie deutlich erkennen und lesen können, bevor Sie sie in die Praxis umsetzen. Pausen sind durch Punkte gekennzeichnet. Jeder Punkt steht für 1 Sekunde. Am besten sprechen Sie die Übungen auf Band und spielen sie dann jeweils ab.

Machen Sie sich zum Sonnen fertig, lockern Sie Nacken- und Schultermuskeln, indem Sie den Kopf ein paarmal wie folgt in großen Kreisen bewegen:

*langsam rund .... und rund .... und rund ....*
*und jetzt in die andere Richtung ..*
*rund .... und rund .... und rund ....*
*Nun balancieren Sie den Kopf leicht oben auf der Wirbelsäule,*
*so daß er also in keine Richtung neigt.*
*Sitzen Sie entspannt da, weder Arme noch Beine sind verschränkt. ...*

*Befreien Sie sich von Spannungen im Gesicht, indem Sie ein paar lustige Grimassen ziehen ...*
*Erst öffnen Sie die Augen, so weit Sie können ...*
*dann kneifen Sie sie so fest wie möglich zu .....*
*Nun rollen Sie die Augäpfel ganz nach oben .....*
*und nach unten ....*
*und zu einer Seite ....*
*und zur anderen .....*
*Dann rollen Sie sie in ganz großen Kreisen ...... rund ..... und rund .....*
*und in die andere Richtung .... rund .....*
*und rund ........ und rund.*
*Als nächstes atmen Sie aus, bis Ihre Lungen vollkommen leer sind .... aus ..... aus ..... aus .....*
*Drücken Sie wirklich alle Luft heraus ..... aus ...... aus.*
*Dann lassen Sie die Luft von allein hineinströmen. .........*
*Atmen Sie noch einmal langsam aus ...... aus ........ aus ..... aus .........*
*und lassen Sie die Luft von allein hineinströmen. .....*
*Machen Sie das noch einmal ... aus ........ aus ...... aus ........ aus .....*
*und lassen Sie die Luft von allein hineinströmen.*

Dadurch kommen Sie in einen guten Rhythmus und legen die Gewohnheit ab, zu flach zu atmen. Das trägt dazu bei, einen Zustand von innerem Gleichgewicht und tiefer innerer Ruhe zu erreichen, ohne den Sie nicht klar denken oder sehen können. Ihre Augen und Ihr Gehirn brauchen viel Sauerstoff, um gut zu funktionieren, und viele Sehfehler werden durch flaches Atmen noch verschlimmert.

## *Die Sonn-Übung*

Sie sind jetzt bereit für das eigentliche Sonnen, das *immer* mit geschlossenen Augen und ohne Brille oder Kontaktlinsen stattfindet und selten länger als 5 Minuten dauert. Wenn Sie können, setzen Sie sich im Freien in die Sonne. Ansonsten nehmen Sie die Lampe. Wenn Sie keine Lampe zur Verfügung haben, stellen Sie sich einfach vor, daß Sie in der Morgensonne sitzen.

*Also, schließen Sie die Augen, und wenden Sie den Kopf vom Licht ab. Wenn Sie eine Lampe benutzen, schalten Sie sie ein. Bewegen Sie den Kopf langsam von einer Seite zur anderen, auf und ab, damit die Strahlen von allen Seiten und aus allen Richtungen auf Ihr Gesicht fallen ...........*

*Wenn Sie die Lampe zu stark finden, rücken Sie den Stuhl so weit ab, bis Sie sich behaglich fühlen. Wenn Sie in der Sonne sitzen und sie zu kräftig finden, bedecken Sie erst ein Auge, dann das andere, oder drehen Sie den Kopf leicht zur Seite. ........*

*Bewegen Sie den Kopf locker weiter, und genießen Sie die heilenden Strahlen. ...............*

*Entspannen Sie den ganzen Körper, beginnend mit den Zehen. .....*

*Entspannen Sie die Beine .... die Knie .... die Schenkel ...... den Bauch ...... die Schultern .... die Arme ...... die Hände ...... den Unterkiefer ..... den Nacken ..... das ganze Gesicht ...... und schließen Sie die Augen. ......*

*Lassen Sie die Augen die Wärme empfangen, ...........*

*Lassen Sie die Muskeln in den Augen und um die Augen herum locker werden und sich von den Jahren der Anspannung erholen. .....*

*Stellen Sie sich vor, wie das Blut zu zirkulieren beginnt, wie es Nährstoffe und Sauerstoff zu den Augen transportiert. .....*

*Fühlen Sie, wie die Nerven von dem Licht sanft angeregt werden. .....*

*Wenn Sie den Kopf von einer Seite zur anderen bewegen, bewegen Sie die Augäpfel in derselben Richtung ... sie legen sich sozusagen in jede Kurve. ...*

*Sie kommen jetzt zum Ende dieser Sitzung in der Sonne. ..*

*Schalten Sie das Licht aus. ...*

*Öffnen Sie langsam die Augen, blicken Sie umher und blinzeln Sie schnell. .....*

*Schließen Sie die Augen für ein paar Sekunden. .....*

*Dann öffnen Sie sie wieder und folgen den Umrissen der Gegenstände, die Sie vor sich sehen. ...*

*Blinzeln Sie weiter, und tasten Sie weiter die Gegenstände mit den Augen ab. ...*

*Werfen Sie schnelle Blicke auf naheliegende und entfernte Gegenstände. .....*

*Halten Sie die Augen in Bewegung. .....*
*Behalten Sie diese entspannte und flexible Haltung in den kommenden Stunden bei. Geben Sie den Augen Gelegenheit, mit Leichtigkeit und spontan zu funktionieren.*

Die Sonn-Übung ist einfach, aber sie muß richtig ausgeführt werden, damit Sie zu den besten Ergebnissen kommen. Wenn Sie in Ihrem Bestreben, zu Ergebnissen zu kommen, ungeduldig oder angespannt werden, verursachen Sie nur Spannung in den Augen und im Geist. Wenn Sie ernste Beschwerden haben oder das Licht Sie stört, bedecken Sie die Augen hin und wieder mit den Handflächen und bleiben Sie nur kurz in der Sonne.
Sie haben jetzt den Unterschied zwischen Anspannung und Entspannung in den Augen erlebt. Dieses Bewußtsein hilft Ihnen, das Gefühl tagsüber beizubehalten – am Arbeitsplatz und zu Hause, bei allen Aktivitäten und vor allem abends vor der Schlafenszeit. Wenn die Augen beim Einschlafen angespannt sind, bleiben sie das auch leicht die ganze Nacht. Sind sie aber entspannt, schlafen Sie besser und wachen erfrischt auf.
Wenn Sie nächstesmal Einschlafschwierigkeiten haben, greifen Sie nicht gleich zu Schlaftabletten, sondern entspannen Sie die Augen, und stellen Sie sich vor, daß bei jedem Ausatmen ein warmer Strom durch Ihren Körper fließt.

Haben Sie das Gefühl, daß Ihr Sehvermögen bereits perfekt ist und daß Sie aus Teil II dieses Buchs nicht mehr viel lernen können? Das ist sehr unwahrscheinlich, und auf jeden Fall werden Sie doch wissen wollen, wie Sie eine Verschlechterung der Augen verhindern können. Die Übungskarte wird Ihnen gleich sagen, wie gut Ihre Sehkraft wirklich ist.

## Testen Sie Ihre Sehkraft
## (Übungskarten am Schluß des Buches)

***So sollten Sie es machen!***

Legen Sie die Karte auf einen gut beleuchteten Platz. Nehmen Sie Brille oder Kontaktlinsen ab. Lesen Sie die Zeilen von oben nach unten, bis Sie nicht mehr weiterkommen, erst aus einer Entfernung von 35 cm, dann aus 6 m Entfernung.

***Gute Sehfähigkeit ...***

Ihre Sehfähigkeit ist gut, wenn Sie die unterste Linie aus 35 cm Entfernung lesen können und die 3. Linie von oben aus 6 m Entfernung.

***... bedeutet nicht, daß Ihre Augen perfekt funktionieren***

Unter „gut sehen“ versteht man, daß Sie einen Führerschein bekommen und ohne Brille lesen können. Das bedeutet aber nicht, daß Ihre Augen perfekt funktionieren. Zwar können Sie sich im Alltag zurechtfinden und Auto fahren, ohne den Verkehr zu gefährden. Aber durch weiteres Training mit dem schwarzen Punkt und den folgenden Übungen können Sie Ihren Geist-Körper und Ihre Augen noch weiter verbessern.

***Die Übungskarte wird Ihr wichtigstes Handwerkszeug***

Die Übungskarte wird Ihr wichtigstes Handwerkszeug bei Ihrer Suche nach visueller und geistiger Klarsicht sein. Sie werden Augenübungen als Mittel benutzen, um zu einem höheren Bewußtseinszustand zu kommen, so wie Yogis und Zen-Meister Atmung, Sprechgesang, Körperhaltungen und andere Übungen benutzen.

## Testen Sie häufig Ihre Augen

***Niemand kann immer über perfekte Sehkraft verfügen***

Ihre Fähigkeit zu sehen wird von Dutzenden von unterschiedlichen Faktoren beeinflußt und ändert sich ständig. Niemand kann immer über perfekte Sehkraft verfügen. Umgekehrt können Menschen mit schlechter Sehkraft hin und wieder ganz gut sehen. Sie haben vielleicht auch schon Zeiten mit gesteigertem Sehvermögen erlebt. Wenn Sie sich dieser Veränderungen bewußt sind, werden Sie sie in den kommenden Tagen auch häufiger wahrnehmen.

***Mit Hilfe der Übungskarte können Sie Schwankungen beobachten***

Das ist wichtig! Mit Hilfe der Übungskarte können Sie Schwankungen beobachten. Sie können die Karte als eine Art Biofeedback-Werkzeug benutzen, das ihnen jederzeit sagt, wie ausgeglichen Ihr Geist-Körper ist.

***Ihre Sehkraft wird sich manchmal von einem Moment zum anderen verändern***

Ihre Sehkraft wird sich manchmal von einem Moment zum anderen verändern. Selbst beim Lesen dieser Seite kann sie sich mehrfach ändern. Wenn Sie andere Bücher lesen, erscheint Ihnen die erste Seite vielleich normal.

Aber sobald Sie auf einen aufregenden Absatz stoßen, schlägt Ihr Herz schneller, die Seite wirkt weißer, und die Buchstaben heben sich schärfer ab. Schneiden Sie unbedingt 2 oder 3 Übungskarten am Ende des Buches aus, und hängen Sie sie dort auf, wo Sie sie oft sehen.

***Langweiliges läßt Ihren Blick verschwommen werden***

Nichts wird Ihren Blick schneller verschwommen werden lassen als ein Gegenstand, der Sie langweilt. Schulkinder sehen am Beginn eines Schuljahrs meistens ganz gut. Aber wenn sie sich von Woche zu Woche immer mehr langweilen, werden viele von ihnen kurzsichtig. Ihre Augen weigern sich, den Lehrer und die Wandtafel klar zu sehen.

Wenn Sie Dinge ansehen, die Sie insgeheim ablehnen, können Ihre Augen die Scharfeinstellung verweigern, und sie werden anfangen, nicht mehr richtig zu funktionieren. Es hat sogar Fälle gegeben, in denen Menschen grauen Star bekamen oder erblindeten, wenn sie gezwungen waren, eine verhaßte Aufgabe zu erledigen oder mit einem verhaßten Menschen zusammenzuleben.

Aber was sollten Sie tun, wenn Sie langweilige Schularbeiten oder einen langweiligen Arbeitsplatz am Hals haben? Auf lange Sicht können Sie bestimmt dafür sorgen, daß Ihr Leben interessanter wird.

***Schenken Sie den interessanten Seiten des Lebens mehr Aufmerksamkeit***

Aber kurzfristig können Sie Langeweile vermeiden, indem Sie Augen und Geist hellwach erhalten und indem Sie den interessanten Seiten Ihres Lebens mehr Aufmerksamkeit schenken.

## Langeweile ist genauso schlimm wie Angst

***Augenerkrankungen durch Sorgen, Furcht und Angst***

Einige Augenerkrankungen, besonders der grüne Star, können durch Sorgen, Furcht und Angst ausgelöst werden. Menschen können auch plötzlich weit- oder kurzsichtig werden, wenn der Optiker sie auffordert, die Testkarte vorzulesen. Vor allem Kinder können bei einem Test sehr angespannt sein. Ihr Sehvermögen wird dann als fehlerhaft diagnostiziert, und sie bekommen eine Brille verpaßt. Aber wenn dieselben Kinder beim Test die Hand der Mutter festhalten dürfen, kann ihr Sehvermögen wieder normal werden. Selbst bei Astigmatismus, wenn Teile des Augapfels verformt sind, ist die Ursache oft Anspannung in den umgebenden Muskeln, hervorgerufen durch geistigen Streß.

***Ihr Organismus funktioniert am besten, wenn Sie entspannt sind***

Aus all dem können Sie unschwer folgern, daß Ihr ganzer Organismus am besten funktioniert, wenn Sie entspannt sind und Ihre Aufmerksamkeit sich auf einen Gegenstand konzentriert, der Sie fasziniert. Je mehr Sie sich angewöhnen, lohnende Ziele zu verfolgen und die innere Ausgeglichenheit aufrecht zu erhalten, desto mehr gewöhnen sich Ihre Augen daran, klar zu sehen.

***Immer nur einen Gegenstand betrachten***

Gewöhnen Sie sich an, immer nur einen Gegenstand zur Zeit zu betrachten, indem Sie ihn mit den Augen rundherum abtasten, bis Sie ihn in Gedanken klar vor sich haben. Werden Sie sich der Farben und Formen bewußter. Verschwenden Sie Ihre Zeit nicht damit, ziellos Dinge anzusehen, die Sie im Innersten gar nicht interessieren.

Wenn Sie geistesabwesend in die Welt starren, entwickeln Sie auch dezentrale Fixierung. Sie gewöhnen sich dann an, an den Dingen vorbeizusehen und der Wirklichkeit auszuweichen. Sie gewöhnen sich an, ein Interesse an Dingen vorzugeben, die Sie eigentlich langweilig finden.

Kinder eignen sich diese Angewohnheit in der Schule an, wo sie jahrelang gezwungen werden, Material anzusehen, das sie tief in ihrem Inneren ablehnen. Nirgends ruinieren Menschen ihre Sehkraft schneller als in unseren Schulen, wo sie unter Androhung von Strafe gezwungen werden, langweiligen Stoff zu lesen und im Gedächtnis zu behalten. Kinder werden in großen Klassen zusammengetrieben und müssen in steifer Haltung stundenlang stillsitzen. Die Unterrichtssituation macht die Lehrkraft nervös und autoritär und fördert eine verschlagene und unehrliche Einstellung bei den Kindern.

***In Schulen wird die Sehkraft ruiniert***

*80 % der Schulabgänger haben eine Sehfehler*

In einer Studie wurde festgestellt, daß die meisten Schulanfänger gut sehen konnten, daß aber etwa 80 % der Schulabgänger irgendeinen Sehfehler hatten. Diese Art der Erziehung schränkt die Fähigkeit, klar zu sehen, eindeutig ein, und wir können uns vorstellen, was sie bei der Fähigkeit des klaren Denkens anrichtet. Statt den Kindern die Kunst des Denkens und Sehens beizubringen, füllt diese Erziehung ihre Köpfe mit Millionen von Einzelheiten, die eigentlich kaum zu ihrem kreativen Wissen beitragen. Dr. Bates hat bewiesen, daß Lehrkräfte das Sehvermögen ihrer Schüler durch einfache Übungen erhalten können, die täglich nur einige Minuten in Anspruch nehmen.

## Geistige und visuelle Beweglichkeit

*Bewegung gesunder Augen*

Gesunde Augen können einem beweglichen Gegenstand in sanften und ununterbrochenen Kurven folgen, anstrengungslos und leicht. Aber wenn Ihre Sehkraft unterhalb der normalen Ebene liegt, verlieren Ihre Augen diese Fähigkeit, sich frei in ihren Höhlen zu bewegen. Statt dessen bewegen sie sich in unbeholfenen Sprüngen.

Durch folgende Übung können sie die Beweglichkeit zurückgewinnen, eine Übung, die Sie einmal am Tag etwa 1 Minute lang machen können. Die Muskeln schmerzen vielleicht während der ersten Tage ein wenig, aber sie gewöhnen sich bald daran, wieder aktiv zu sein.

*Sehen Sie auf Ihren rechten Daumennagel.*
*Fangen Sie an, den Nagel in großen Kreisen durch Ihr Gesichtsfeld zu bewegen, und lassen Sie die Augen folgen. . . . . . . . .*
*Aber halten Sie den Kopf dabei vollkommen still. . .*
*Nur die Augäpfel bewegen sich in ihren Höhlen, während sie dem Daumennagel folgen. . . .*
*Bewegen Sie den Kopf langsam seitlich bis an die äußerste Grenze Ihres Gesichtsfeldes . . . . . . . . .*

*Jetzt in die andere Richtung ........*
*ganz nach oben ....*
*ganz nach unten .........*

***Brillen tragen zum starren Sehen bei, und selbst Kontaktlinsen erhöhen die Spannung im Gesicht***

Ab jetzt gewöhnen Sie sich an, den Augäpfeln im Verlauf des alltäglichen Lebens freieren Lauf zu lassen. Sie werden oft eine Gelegenheit finden, bewegliche Gegenstände am Rand Ihres Gesichtsfeldes „aus dem Augenwinkel" zu beobachten. Das werden Sie selten machen, wenn Sie eine Brille tragen. Brillen tragen zum starren Sehen bei, und selbst Kontaktlinsen erhöhen die Spannung im Gesicht.

***Negative Gefühle sind nicht zu vermeiden***

Ihre Augen neigen dazu, sich automatisch und scharf auf den Gegenstand einzustellen, der Sie im Moment interessiert. Es gibt natürlich Zeiten, in denen Sie sich dazu zwingen müssen, Dinge zu tun, die Sie nicht mögen, oder in denen Sie Dinge ansehen müssen, die Sie nicht interessieren. Aber das schadet Ihren Augen nicht, solange es nicht zur Gewohnheit wird. Auch negative Gefühle sind manchmal nicht zu vermeiden, aber Sie können es vermeiden, bei ihnen zu verweilen. Ihr Geist-Körper funktioniert besser, wenn Sie sich gewohnheitsmäßig Ihre Pläne und Ihre Zukunft in klaren, konstruktiven Bildern vorstellen, wie wir in Kapitel 12 sehen werden.

## Was Ihre Augen und Nerven durcheinanderbringen kann

***Die Augen können nur so gesund sein wie der Körper, zu dem sie gehören***

Neben geistiger Anspannung kann jede Unausgeglichenheit im Körper Ihre Sehkraft und Denkfähigkeit beeinflussen. Die Augen können nur so gesund sein wie der Körper, zu dem sie gehören. Auch Ihre Ernährung spielt eine Rolle.

In den folgenden Tagen und Wochen können Sie beobachten, wie Ihr Seh- und Denkvermögen schwankt, nachdem Sie Medikamente, Alkohol, Nikotin usw. zu sich genommen haben. Mangelnde körperliche Bewegung und schlechte Gewohnheiten beim Atmen können die Durchblutung im Augenbereich und Gehirn herabsetzen. Körperliche Steifheit kann zu schlechtem Sehen beitragen, besonders wenn sich Ihre Nackenmuskeln nie entspannen können. Die Angewohnheit, abends lange aufzubleiben, ist einem guten Sehvermögen nicht gerade zuträglich. Dasselbe gilt für unregelmäßige Lebensweisen, die Ihre innere biologische Uhr stören, wie beispielsweise Nachtschichten oder interkontinentale Flüge. Jede Erkrankung, von der gewöhnlichen Erkältung bis hin zum gebrochenen Bein, kann das empfindliche Gleichgewicht im Geist-Körper stören.

***Jede Erkrankung kann das empfindliche Gleichgewicht im Geist-Körper stören***

***Auch Ihre Umgebung beeinflußt Ihre Nerven und Ihre Sehkraft***

Auch Ihre Umgebung beeinflußt Ihre Nerven und Ihre Sehkraft. Wenn Menschen vom Land in die Stadt kommen, sehen sie vielleicht eine Zeitlang weniger klar, bis sie sich an den Lärm, die Luftverschmutzung und die ständigen Reize von allen Seiten gewöhnt haben. Dasselbe kann Ihnen passieren, wenn Sie in ein großes Museum oder einen Supermarkt gehen: Die Vielfalt der unbekannten Gegenstände kann dann für Ihren Geist und Ihre Augen zuviel sein. Aber selbst Wetterwechsel, wie Regen, Hitze oder Kälte, kann Ihre visuelle und geistige Funktionsfähigkeit für eine Weile einschränken.

***Haben Sie Geduld mit Ihren Augen***

Wenn Sie Ihre Augen besser kennen, werden Sie merken, wie sie versuchen, sich veränderten inneren und äußeren Bedingungen anzupassen. Manchmal gelingt es ihnen besser als zu anderen Zeiten. Sie werden lernen, Geduld mit ihnen zu haben und sie bei ihrer schwierigen Aufgabe zu unterstützen. Sie werden lernen, daß Brille und Kontaktlinsen nur noch als letzte Möglichkeit benutzt werden sollten, wenn alles andere nicht mehr hilft.

***Notieren Sie alles, was Sie essen***

In Kapitel 11 kehren wir zu dem Thema Ernährung zurück, und in der Zwischenzeit können Sie anfangen, eine Liste von dem aufzustellen, was Sie in den nächsten 3 Tagen essen. Notieren Sie alles, was Sie in den Mund nehmen, einschließlich Getränke, Naschereien, Kaffee, Eis, Kekse, Erdnüsse usw. Schreiben Sie auch Zigaretten oder was Sie sonst rauchen auf, auch Medikamente, Schlaftabletten, Kopfschmerztabletten ... alles. Sie brauchen die Liste niemandem zu zeigen. Aber es ist wichtig, daß Sie sie zu Ihrer eigenen Information vollständig aufstellen.

## Eine abschließende Sonn-Übung

Zum Abschluß dieses Kapitels machen wir jetzt noch eine Sonn-Übung. Wie vorher setzen Sie sich möglichst ins Freie, ansonsten benutzen Sie die Lampe.

*Atmen Sie langsam vollständig aus ... aus .... aus .... aus. .....*
*Dann lassen Sie die Luft von selbst hineinströmen. ....*
*Nun bewegen Sie den Kopf in großen Kreisen, rund ...... und rund ........ und rund ....*
*und in die andere Richtung .... rund .... und rund ...... und rund.*
*Schließen Sie die Augen. Schalten Sie die Lampe ein, wenn die Sonne nicht scheint. .....*
*Lassen Sie die Augen die heilenden Strahlen aufnehmen ..........*
*Bewegen Sie den Kopf langsam von einer Seite zur anderen .....*
*so daß das Licht die Augen von allen Seiten erreicht .....*
*Sonnen Sie sich einfach noch eine Weile weiter ...............*
*Ihre Augen entspannen sich immer mehr .....*
*Sie spüren die beruhigenden Strahlen ..............*
*Sie kommen jetzt zum Ende der Sitzung in der Sonne. ...*
*Schalten Sie die Lampe aus ...*
*Öffnen Sie langsam die Augen ...*
*Blinzeln Sie ein paarmal ...*
*Dann lassen Sie die Augen durch das Zimmer (oder den Garten) wandern ...*
*Werfen Sie entspannte Blicke auf die Übungskarte ...*
*Lassen Sie die Augen auf der Karte herumspringen, ohne den Versuch zu machen zu lesen ...*
*Folgen Sie den Umrissen des großen Buchstabens in der oberen linken Ecke .....*

*Sehen Sie, wie schwarz der Buchstabe vor dem weißen Papier ist ....*
*Lassen Sie die Augen in die Räume zwischen den Zeilen wandern ..........*
*Dann sehen Sie sich andere Dinge im Raum an ......*
*Halten Sie die Augen in Bewegung, und blinzeln Sie ..............*
*Als nächstes bedecken Sie die Augen mit den Handflächen, ohne die Augenlider zu berühren ...*
*Nehmen Sie die Hände wieder herunter, und lassen Sie die Augen über die Testkarte wandern ...........*
*Nehmen Sie nur die Formen der Buchstaben wahr, ohne zu lesen ......*
*Bedecken Sie die Augen wieder, und entspannen Sie sich vollständig ..............*
*Jetzt sehen Sie noch einmal auf die Testkarte. Sind die Buchstaben ein wenig schärfer und schwärzer als zuvor? .....*
*Halten Sie die Augen in Bewegung, und blinzeln Sie weiter.*

Durch die Übung mit dem Sonnen sind Sie der „richtigen Art, zu denken und zu sehen“ einen Schritt näher gekommen. Im nächsten Kapitel werden Sie Ihre Sehkraft und Ihr inneres Gleichgewicht weiter verbessern, indem Sie das genaue Gegenteil tun: Sie setzen die Augen vollkommener Dunkelheit aus.

Anmerkung:
Alle Übungen in diesem und den folgenden Kapiteln können Sie mit entsprechenden Pausen auch auf Band sprechen. So können Sie das Band nach Belieben abspielen und die Augen geschlossen halten, wo es angegeben ist.

# *9. Die beruhigende Dunkelheit*

*Nacht, wenn die Worte verklingen*
*und Gegenstände lebendig werden.*
*Wenn die destruktive Analyse des*
*Tages erledigt ist und alles,*
*was wirklich wichtig ist, wieder*
*ganz und heil wird. Wenn der*
*Mensch die Bruchstücke seines*
*Selbst wieder zusammenfügt und*
*mit der Stille eines Baumes wächst.*

Saint-Exupéry (1942)

## *Gönnen Sie sich ab und zu eine kurze Ruhepause*

Im letzten Kapitel haben wir das Sonnenlicht genossen, und jetzt werden wir die Dunkelheit genießen. So wie die Menschen Licht als Reiz brauchen, so brauchen sie Dunkelheit zum Ausruhen. Wenn Sie Ihre Augen für einen Moment schließen, können Sie im allgemeinen Ihr inneres Gleichgewicht vorübergehend verbessern. Selbst Blinzeln trägt dazu bei, Ihren Augen und Ihrem Nervensystem etwas Ruhe zu geben.

*Nehmen Sie die Brille ab oder die Kontaktlinsen heraus,*
*und legen Sie die Testkarte in einer Entfernung hin,*
*in der die Buchstaben am schwärzesten wirken . . . . . .*
*Sehen Sie sich einen Buchstaben nach dem anderen an, und blinzeln Sie nach jedem. . . . . . . . . . . .*
*Wirken die Buchstaben jetzt ein wenig schwärzer als vorher? . . .*
*Schließen Sie die Augen,*
*und entspannen Sie sich vollkommen. . . . . . . . . . . . . .*
*Öffnen Sie jetzt die Augen, und sehen Sie die Testkarte und andere Dinge in Ihrer Umgebung an. . . . . .*
*Merken Sie, daß Kontraste und Farben deutlicher werden? . . .*

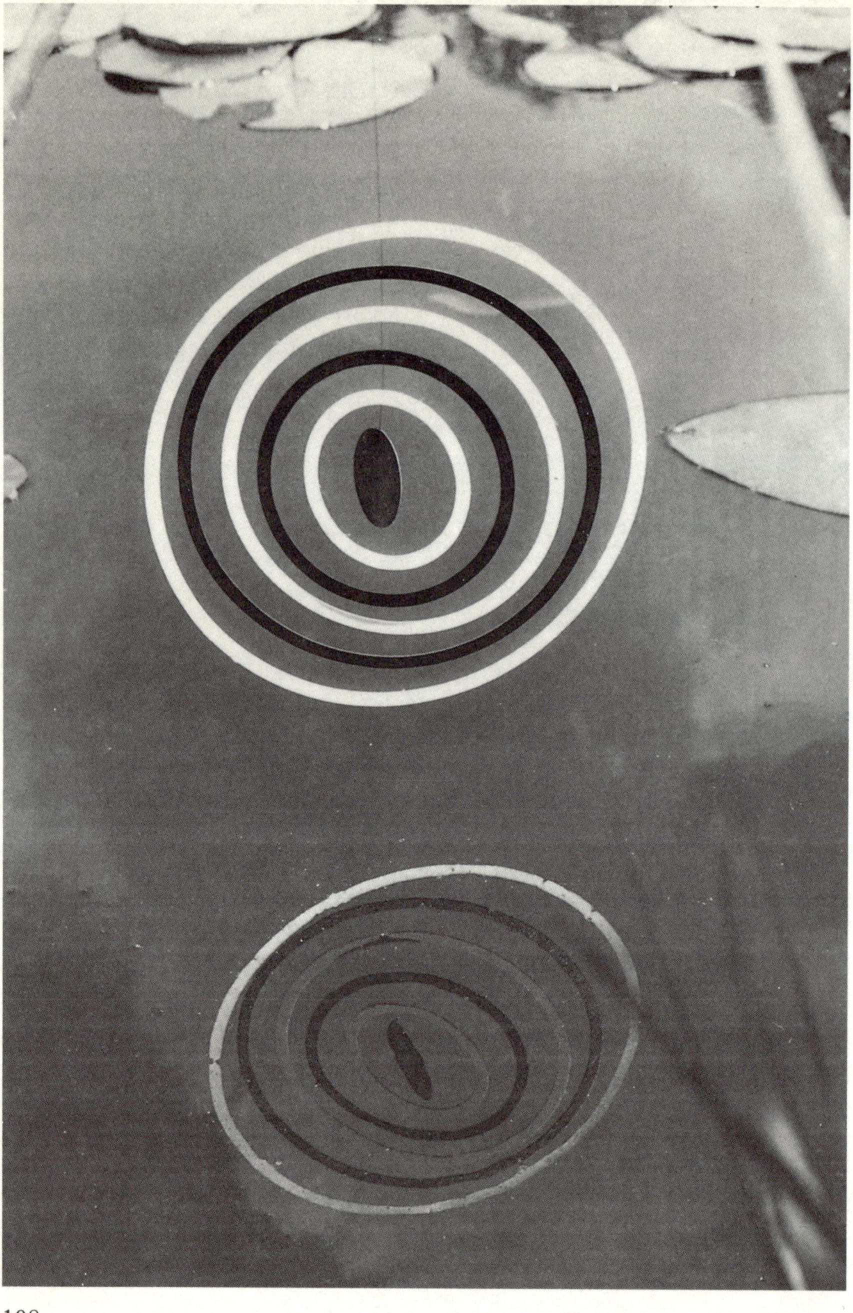

*Schließen Sie die Augen wieder. . . .*
*Dann öffnen Sie sie noch einmal und achten auf den Unterschied . . . . .*

*Daran sollten Sie im Verlauf des Tages denken: Geben Sie Ihren Augen Gelegenheit, sich hin und wieder auszuruhen. Blinzeln Sie in regelmäßigen Abständen, vielleicht alle 3 Sekunden so:*
*Blinzel . . . blinzel . . . blinzel . . . blinzel . . .*
*Blinzeln hält auch die Vorderseite des Augapfels feucht und durchsichtig. Die Flüssigkeit wirkt sogar desinfizierend und schützt vor Bakterien. Um die Vorzüge des Blinzelns zu erleben, stehen Sie jetzt auf und gehen ein paar Schritte: . . . .*
*Blinzeln Sie bei jedem Schritt, und beobachten Sie, wie das Ihr Sehvermögen verbessert: . . .*
*Blinzeln, Schritt – Blinzeln, Schritt –*
*Blinzeln, Schritt – Blinzeln, Schritt –*
*Blinzeln, Schritt – Blinzeln, Schritt –*
*Blinzeln, Schritt – Blinzeln, Schritt –*
*Denken Sie an diesen kleinen Trick in Zeiten der Anspannung, wenn Ihre Augen und Ihr Geist dazu neigen, förmlich einzufrieren und zu erstarren.*

## Die Handflächen geben eine erfrischende Pause

*Um den Augen eine längere Ruhepause zu geben, bedecken Sie sie mit den Handflächen. Erst reiben Sie die Hände etwa 5 Sekunden lang kräftig. . . . . .*
*Sorgen Sie dafür, daß die Hände nicht kalt sind.*
*Jetzt bedecken Sie das linke Auge mit der Wölbung der linken Handfläche und das rechte Auge mit der Wölbung der rechten Handfläche, ohne die Augenlider zu berühren. Die Handkanten liegen neben der Nase, und einige Finger kreuzen sich auf der Stirn. Jetzt sollte alles Licht ausgeschlossen sein, was nicht der Fall wäre, wenn Sie nur die Augen geschlossen hätten.*

*Beugen Sie sich in dieser Position jetzt nach vorn, und stemmen Sie die Ellenbogen auf einen Tisch. Ist keiner vorhanden, benutzen Sie Ihre Knie als Stütze. Legen Sie ein großes Kissen als Polster für die Ellenbogen auf die Knie. Setzen Sie sich bequem hin, halten Sie das Gleichgewicht, und entspannen Sie sich. ...........*
*Spüren Sie das besondere Gefühl, das diese Haltung Ihnen vermittelt? Wenn Sie sich daran gewöhnt haben, werden Sie eine beruhigende Wirkung auf das gesamte Nervensystem spüren. Sie haben eine Art Fötushaltung eingenommen, die Ihnen ein Gefühl der Sicherheit gibt. Menschen, die sich mit Naturheilverfahren auskennen, meinen auch, daß wichtige Nervenzentren in den Händen heilende Wirkung auf die Augen haben.*
*Bleiben Sie 1 Minute lang in dieser Haltung, wobei Sie die Augen und den Körper gründlich entspannnen. Lassen Sie die Augenlider zufallen, wenn sie es wollen.*
*Setzen Sie sich langsam wieder auf. Nehmen Sie die Hände herunter, und öffnen Sie die Augen. Lassen Sie die Augen über Gegenstände in Ihrer Umgebung wandern, und blinzeln Sie weiter.*

***Fallbeispiel***

Die anscheinend einfache Technik hat eine wohltuende Wirkung auf die Augen und das ganze Nervensystem. Man kann sie gar nicht oft genug anwenden.
Dr. Bates berichtete von dem Fall eines alten Mannes, der seit Jahrzehnten eine starke Brille trug. Er war weitsichtig und litt außerdem unter Astigmatismus und beginnendem grauen Star. Dr. Bates zeigte ihm, wie er die Übung mit den Handflächen machen mußte, und bat ihn, nach ein paar Tagen wiederzukommen. Der Mann war so begeistert, daß er die Übung ununterbrochen vom frühen Morgen bis in die späte Nacht machte und nur hin und wieder ein Glas Wasser trank. Als er am Ende aufblickte, konnte er ohne Brille lesen, und die Wolken in seinen Linsen schienen sich auch etwas zu klären. In den folgenden Jahren kam es zu keinem Rückfall.

## Die moderne Lebensweise

***Erklärung***

*Wie kann man diese plötzliche Heilung erklären?* Zweifellos hatte der Mann über Jahrzehnte unter geistigem Streß gelitten und sich nie die Zeit genommen, sich völlig zu entspannen. In unserer modernen Zeit neigen die Menschen dazu, den Kontakt zu sich selbst zu verlieren. Ihre fünf Sinne sind überwältigt von den ständig wechselnden, von Menschen gemachten Szenen und künstlichen Ablenkungen um sie herum. Ihr Sehsinn wird überlastet mit bedeutungslosen Bildern. Selbst wenn sie hin und wieder einen ruhigen Platz finden, läuft in ihrer Phantasie ein rastloses, aufgeregtes oder gewalttätiges Kopfkino weiter.

***Viele Menschen haben nie wahre innere Ruhe erlebt***

Viele Menschen haben nie wahre innere Ruhe erlebt, und sie wüßten nicht einmal, wie sie so einen Zustand erreichen könnten. Außerdem wachsen sie in einer aktiven und gierigen Gesellschaft heran, die ihnen Schuldgefühle vermittelt, wenn sie nicht mit Dingen beschäftigt sind, die Profit bringen. Manche Menschen wenden sich dann östlichen Methoden zu, um ihren inneren Frieden zu finden. Andere nehmen Drogen oder halten den ständigen Konkurrenzkampf nicht durch und treffen dann auf Probleme anderer Art. Die meisten Menschen des Westens begreifen die Tatsache nicht, daß

***Innere Harmonie ist für Glück und Erfolg wesentlich***

innere Harmonie für ihr Glück und ihren Erfolg wesentlich ist und daß diese gepflegt werden muß. Alle großen Geister, die wirklich produktiv waren, kannten den Wert gelegentlicher Einsamkeit und tiefer Ruhe.

In den kommenden Tagen haben Sie vielleicht das Gefühl, daß die Übungen mit den Handflächen unproduktiv sind, weil Sie dabei nichts „schaffen“, daß Sie nur dasitzen und die Zeit verschwenden. Denken Sie dann

***1 Gramm Vorbeugung wiegt so schwer wie 1 Pfund Heilung***

einfach daran, daß ein Gramm Vorbeugung so schwer wiegt wie ein Pfund Heilung. Von der Zeit, die Sie mit dieser Übung verbringen, haben nicht nur die Augen Vorteile, sondern der gesamte Körper und der Geist.

Die Übung ist außerdem angenehm, wenn Sie sie richtig machen. Wenn Sie je das Gefühl haben, daß sie zur lästigen Pflicht oder langweiligen Routine wird, dann hören Sie auf und machen ein anderes Mal weiter. So wie das Sonnen im vorigen Kapitel ist die Übung mit den Handflächen einfach, aber sie muß entspannt und in der richtigen Stimmung ausgeführt werden, damit sie die besten Ergebnisse bringt.

***Die Übung ist einfach***

## *Die Kunst, Schwarz zu sehen*

Dehnen macht Spaß und baut Spannungen ab. Stellen Sie sich für einen Moment einfach vor, Sie seien eine große Katze. Stehen Sie jetzt auf, und genießen Sie es, sich richtig schön zu recken und zu strecken. Dehnen Sie die Muskeln richtig, und drehen Sie Hals und Rumpf. Von jetzt an können Sie das vor jeder Übung mit den Handflächen machen.

***Haltung für die Übung***

Für die eigentliche Übung mit den Handflächen können Sie verschiedene Haltungen einnehmen, solange Sie entspannt bleiben. Vermeiden Sie es, zusammenzusacken, denn das würde die Atmung beeinträchtigen. Sie können die Ellenbogen auf einen Tisch oder auf die Knie stützen. Sie können sich sogar hinkauern wie ein betender Moslem, wobei die Stirn den Boden berührt. In gewisser Weise ist das die beste Haltung, weil sie die Durchblutung im Augenbereich und im Gehirn verbessert.

*Bedecken Sie wie vorher die Augen mit den Handflächen, und setzen Sie die Ellenbogen auf einen Tisch oder eine andere Stütze. Vermutlich werden Ihnen die Augen zufallen, während Sie sich immer mehr entspannen. Genießen Sie die beruhigende Dunkelheit einfach für eine Weile ...................*

*Jetzt setzen Sie sich wieder normal hin und öffnen die Augen. ... Blinzeln Sie ein paarmal ... lassen Sie die Augen die Umrisse der Dinge nachziehen, die Sie vor sich sehen .........*

***Was haben Sie gesehen?***

Was haben Sie gesehen, während Sie die Handflächen vor den Augen hatten? Völlige Dunkelheit? Oder haben Sie graue Bereiche, lebhafte Farben, wandernde Wolken, explodierende Sterne oder Lichtstreifen gesehen?

Was Sie gesehen haben, weist auf den Zustand Ihrer Augen und Ihres Geistes hin. Je mehr Schwarz Sie sehen, desto entspannter sind Sie und desto besser können Sie momentan denken und sehen. Irgendwelche Punkte, Sterne, Wolken oder Farben weisen auf Spannung im Sehzentrum des Gehirns hin. Selbst Menschen, die normalerweise ausgewogen sind, sehen diese Unregelmäßigkeiten, wenn sie unter Belastungen, Erschöpfung, Schmerzen, Hunger, Angst oder anderen Unausgeglichenheiten des Geist-Körpers leiden.

***Erholung vom Streß des Alltags***

Je öfter Sie die Übung mit den Handflächen machen, desto schneller erholen Sie sich vom Streß des Alltags und desto mehr Schwarz sehen Sie. Am Ende wird es ganz natürlich dazu kommen, daß Sie sich den schwarzen Punkt vorstellen.

Selbstverständlich kann es sein, daß diese Übung allein nicht reicht und daß Sie noch eine Zeitlang üben müssen. Vielleicht gehören Sie auch zu der Minderheit derer, die durch die anderen Übungen in diesem Buch bessere Ergebnisse erreichen.

***Keine Anstrengung bei der Übung***

Manche Leute strengen sich bei dieser Übung an, das Schwarz zu sehen, was aber dem Ziel schlicht widerspricht. Denken Sie daran, daß das Schwarz von allein kommen muß! Lassen Sie sich Zeit und Ruhe! Die Unregelmäßigkeiten können nur verschwinden, wenn Sie sich vollkommen gehen lassen. Immer wenn Sie merken, daß die Punkte und Farben zunehmen, wissen Sie, daß sich eine geistige oder körperliche Spannung aufbaut. Indem Sie rechtzeitig die richtigen Schritte unternehmen, können Sie Ihren Gesamtzustand verbessern oder sogar einer aufkommenden Krankheit vorbeugen.

## *Ein imaginärer Spaziergang*

**Benutzen Sie Ihre Phantasie**

Die Übungen mit den Handflächen entspannen Ihren ganzen Organismus und beleben ihn gleichzeitig. Anstatt jedoch in eine schwarze Leere zu starren, können Sie nun Sie Ihre Phantasie benutzen, um sich bewegte Szenen vorzustellen. Das Starren ist in der Tat das Schlimmste, was Sie Ihren Augen antun können, auch wenn sie geschlossen sind.
Sie können beispielsweise gleich jetzt mit einem imaginären Spaziergang anfangen. Gehen Sie in die Position wie bei der Übung mit den Handflächen. Bedecken Sie die Augen, und stützen Sie die Ellenbogen auf den Tisch oder auf die Knie.

*Die Szene, die Sie sich vorstellen, spielt diesesmal im Freien. Denken Sie an einen angenehmen Spaziergang, den Sie vor noch nicht allzu langer Zeit in schöner natürlicher Umgebung gemacht haben. .........*
*Stellen Sie sich vor, wie Sie das Haus verlassen und zu dem Punkt gehen, an dem Ihr Spaziergang beginnt. .....*
*Wenn Sie kurzsichtig sind, konzentrieren Sie sich auf Dinge in der Ferne, wie Baumwipfel, die in der Brise schwanken, fliegende Vögel, Menschen und Fahrzeuge, die sich in der Ferne bewegen.*
*Wenn Sie weitsichtig sind, konzentrieren Sie sich mehr auf Dinge in der Nähe, wie Blumen, Pflanzen oder Menschen in Ihrer Begleitung. .................*
*Stellen Sie sich alles scharf und in bunten Farben vor, riechen und berühren Sie die Blumen und Pflanzen ...............*
*Wenn Sie das anfangs schwierig finden, denken Sie einfach daran, wie lebhaft Ihre Träume manchmal sind. Ihr Geist ist vollkommen in der Lage, sich alles vorzustellen, was Sie wollen. ............*
*Ihr Spaziergang nähert sich jetzt dem Ende. ........*
*Öffnen Sie langsam die Augen. ... Blinzeln Sie ein paarmal. ......*
*Werfen Sie kurze, entspannte Blicke auf die Dinge in Ihrer Umgebung. .....*

## *Umreißen und Springen*

***Ziehen Sie die Umrisse von Gegenständen nach***

Um Augen (und Geist) beweglich und lebendig zu halten, gewöhnen Sie sich an, die Umrisse von Gegenständen nachzuziehen, statt in ihre Mitte zu starren.
Lassen Sie beispielsweise Ihre Augen um jeden Buchstaben auf der Übungskarte herumwandern, und prägen Sie sich die Form ein.....
Sehen Sie sich den großen Buchstaben links an, und zählen Sie seine Ecken.....
Blinzeln Sie dabei alle 3 oder 4 Sekunden, und tasten Sie die Möbel im Zimmer mit Blicken ab.....
Ziehen Sie die Kanten jedes einzelnen Stücks nach, langsam und ohne Unterbrechung......
Folgen Sie den Umrissen von anderen Dingen im Raum. ...
Das wird „umreißen“ genannt, und Sie können es fast immer und überall machen....
Lassen Sie Ihre Augen jeden Tag auf diese Weise wandern....
Statt Dinge wie Gebäude, Fenster, Autos, Bilder, Buchstaben und Szenen im Fernsehen anzustarren, gewöhnen Sie sich daran, die Umrisse nachzuziehen. Üben Sie mehr mit nahen Gegenständen, wenn Sie weitsichtig sind, und mit entfernten, wenn Sie kurzsichtig sind.
Sie werden erstaunt sein, wieviel klarer die Welt plötzlich wird....
Das ist nicht einfach nur eine optische Täuschung. Gesunde Augen funktionieren eben so. Unsere fernen Vorfahren, die in den Wäldern lebten, benutzten ihre Augen auf diese Weise, und so machten sie Gefahren aus und entdeckten ihre Nahrung. Sie mußten im Kopf und mit den Augen hellwach sein, um überleben zu können. Aber moderne Menschen leben in einer künstlichen Sicherheit, in der sie es sich leisten können, angespannt und steif zu werden und die Welt mit angespannten Augen anzustarren.

**Übungen:** Üben Sie jetzt gleich weiteres Umreißen. Lassen Sie die Augen einfach über die Umrisse der Dinge vor Ihnen wandern.

*............ Schenken Sie einem Stuhl oder einem ähnlichen Gegenstand besondere Aufmerksamkeit, und umreißen Sie seine Formen. ........*
*Dann schließen Sie die Augen und lassen dieselbe Form vor Ihrem geistigen Auge erstehen. .....*
*Umreißen Sie die Form weiter in Gedanken. .....*
*Öffnen Sie die Augen für einen Moment, um das Bild aufzufrischen, und schließen Sie sie wieder. .....*
*Setzen Sie das Umreißen und die bildliche Vorstellung fort. .....*
*Jetzt öffnen Sie die Augen und blicken einen Moment auf die Testkarte. ....*
*Lassen Sie die Augen um den rechten Buchstaben in der obersten Zeile wandern. ......*
*Schließen Sie die Augen wieder, und sehen Sie den Buchstaben in Gedanken. .....*
*Umreißen Sie den Buchstaben weiter geistig. .....*
*Werfen Sie inzwischen kurze, schnelle Blicke auf ihn, um Ihr Gedächtnis aufzufrischen ...............*
*Jetzt sehen Sie sich einen Buchstaben auf der Karte an, den Sie klar erkennen können. .....*
*Nehmen Sie wahr, wie schwarz er ist, wie er sich scharf von dem weißen Hintergrund abhebt. ...*
*Lassen Sie die Augen durch den Buchstaben wandern und um ihn herum. .....*
*Machen Sie sich in Gedanken ein perfektes Bild von dem Buchstaben, so daß Sie sich an ihn erinnern, wenn Ihre Augen geschlossen sind. ....*
*Dann schließen Sie die Augen und stellen sich den Buchstaben in Gedanken vor. ...*
*Lassen Sie die geschlossenen Augen die Umrisse nachziehen. ....*
*Jetzt öffnen Sie die Augen wieder ...*
*und ziehen die Umrisse von Gegenständen, die Sie vor sich haben, mit den Augen nach ..........*

Je entspannter Augen und Geist sind, desto länger behalten Sie solche Bilder, und um so besser wird Ihr Sehvermögen sein. Auch Ihr Gedächtnis wird sich in allen Lebensbereichen verbessern. Natürlich braucht das Zeit. Lassen Sie es langsam angehen. Die Besserung wird sich einstellen.

***Sie brauchen Zeit***

In den kommenden Wochen werden Sie das Umreißen immer spontaner im Verlauf des täglichen Lebens üben, zu Hause, am Arbeitsplatz und auf der Straße. Gleichzeitig werden Sie sich angewöhnen, zu blinzeln und kurze Blicke zu werfen.

***Springen Sie mit Ihren Augen zwischen verschiedenen Gegenständen hin und her***

Eine andere Ubung, die dabei hilft, sich das Starren abzugewöhnen, ist das Springen. Sie lassen einfach Ihre Augen zwischen 2 ähnlichen Gegenständen hin- und herspringen, beispielsweise zwischen 2 Buchstaben, 2 Münzen, 2 Fenstern in einem Gebäude oder 2 Bäumen.

*Springen Sie gleich jetzt, zuerst zwischen zwei großen Buchstaben auf der Testkarte. . . . . .*
*Jetzt zwischen zwei kleineren Buchstaben. . . . .*
*Jetzt zwischen einem großen und einem kleinen. . . . . .*
*Merken Sie, wie die beiden Buchstaben anfangen, deutlicher zu werden, und wie die gesamte Testkarte kontrastreicher wird? . . .*
*Jetzt springen Sie zwischen der Ober- und der Unterkante eines großen Buchstabens. . . . . . . . .*
*Als nächstes springen Sie wieder zwischen zwei großen Buchstaben. . . . .*
*Dann schließen Sie die Augen und springen in Gedanken zwischen diesen beiden Buchstaben. . . . . . .*
*Öffnen Sie langsam die Augen, und umreißen Sie die Gegenstände, die Sie vor sich haben, mit Ihren Blicken.*

## Benutzen Sie die Übungskarten jeden Tag

***Wichtigstes Handwerkszeug***

Die Übungskarten werden das wichtigste Handwerkszeug in diesem Programm sein, und zwar aus verschiedenen Gründen:

- Druckerschwärze ist etwa das Schwärzeste, was es überhaupt gibt. Schwarze Gegenstände sind am besten für ein Sehtraining geeignet, weil sie durchgehend gefärbt sind und den größten Kontrast vor einem weißen Hintergrund bieten.
- Schwarze Buchstaben und Zahlen sind ideal für diesen Zweck, weil jeder Mensch mit dem Alphabet und den Zahlen absolut vertraut ist. Wir sehen immer die Dinge am besten, die wir schon einmal gesehen haben und von denen wir eine klare geistige Vorstellung haben.
- Die Augen profitieren auch davon, immer kleiner werdenden Druck zu lesen, solange sie entspannt sind.
- Sie werden die Karte benutzen, um in Zukunft Ihre Fortschritte zu überwachen.
- Wenn Sie die Karten an Stellen anbringen, an denen Sie sie jeden Tag häufig vor Augen haben, gewöhnen Sie sich daran, scharf zu sehen und Ihren Geist zu sammeln. Das wirkt sich günstig auf den gesamten Geist-Körper aus.

***Sie verbessern Ihr Sehvermögen***

Testen Sie erst ein Auge, dann das andere, und machen Sie sich Aufzeichnungen darüber. Schon wenn Sie jeden Tag mehrfach auf die Übungskarte schauen, trägt das dazu bei, Ihr Sehvermögen zu verbessern, ob Sie es nun glauben oder nicht.

Bringen Sie Im Schlafzimmer eine Karte da an, wo Sie sie vom Bett aus sehen können. Plazieren Sie eine andere gegenüber von dem Stuhl, auf dem Sie beim Sonnen sitzen. Bringen Sie eine am Arbeitsplatz an, und behalten Sie eine in der Brieftasche.

***Speziell entwickelte Karte***

Diese Karte wurde speziell entwickelt und führt zu besseren Ergebnissen als die Standardkarten. Sie wird Ihnen helfen, die Kunst zu lernen, wie man Schwarz sieht. Die Buchstaben, die jetzt vielleicht noch grau und verschwommen wirken, werden nach und nach schwärzer und schärfer. Selbst mit geschlossenen Augen werden Sie in der Lage sein, sich Buchstaben (und schwarze

Punkte) mit größerer Klarheit vorzustellen, und Sie werden sie länger im Gedächtnis behalten.

## *Eine Kombination: Sonnen und die Übung mit den Handflächen*

***Übung:*** Die Übung mit den Handflächen bringt doppelten Erfolg, wenn Sie sich vorher wie folgt sonnen:

*Setzen Sie sich erst im Freien in die Sonne, wenn das Wetter gut ist, sonst nehmen Sie die Lampe. Wenn Sie keine Lampe zu Verfügung haben, stellen Sie sich einfach vor, daß Sie in der Morgensonne sitzen.*
*.....*
*Schließen Sie die Augen, und spüren Sie, wie Sie die wärmenden Strahlen der Sonne aufsaugen. ...*
*Setzen Sie sich entspannt hin, weder Arme noch Beine sind verschränkt, lockern Sie die Nacken- und Gesichtsmuskeln. .....*
*Drehen Sie den Kopf mehrmals in großen Kreisen langsam herum ......*
*und rund ......*
*und rund .....*
*und jetzt in die andere Richtung langsam herum ......*
*und rund .....*
*und rund ......*
*Jetzt balancieren Sie den Kopf leicht oben auf der Wirbelsäule. ...*
*Bewegen Sie den Kopf langsam von einer Seite zur anderen, so daß die wärmenden Strahlen die Augen von allen Seiten erreichen ....*
*sonnen Sie sich noch eine Weile weiter ................*
*Jetzt sind Sie bereit für die Übung mit den Handflächen. Bedecken Sie die Augen mit den Handflächen, und stützen Sie die Ellenbogen auf einen Tisch oder auf die Knie. ......*
*Sie genießen ein Picknick an einem wunderschönen Strand. ...*
*Sie sitzen auf einer Düne oberhalb des Wassers. ...*
*Die Sonne scheint, und eine sanfte Brise bewegt das Gras, das hier und da in Büscheln wächst. ....*

*Sie öffnen den Picknickkorb und finden schwarze Kirschen in einer Papiertüte. . . .*
*Eine zweite Tüte enthält Birnen. Die Birnen sind rotbackig, und Sie sehen sie jetzt deutlich vor Augen. . . . . .*
*Sie nehmen sich eine und beißen hinein. . . .*
*Innen sieht die Birne weiß aus. . . . .*
*Nachdem Sie die Birne gegessen haben, graben Sie weiter unten im Korb und finden Ihre Lieblingsnascherei. . .*
*Was ist Ihre Lieblingsnascherei? Schokolade? . . . Erdnüsse? . . . Eiscreme? . . .*
*Was es auch sein mag, stellen Sie es sich jetzt vor, mit allen Einzelheiten und in Farbe. . . . . .*
*Dann schließen Sie den Korb und gehen ans Wasser. . . .*
*Die Wellen plätschern zu Ihren Füßen träge auf den Sand. . . .*
*Sie beobachten die Möwen, wie sie in der Luft schweben und dann ins Wasser eintauchen. . . .*
*In der Ferne sehen Sie, wie sich ein Segelboot durch die Wellen bewegt. . . .*
*Sie bücken sich und heben eine gelbe Muschel und einen roten Kieselstein auf. . . .*
*Streifen von Seetang treiben im Wasser dahin, von einer sanften Strömung gezogen. . . .*
*Kleine bunte Fische schießen durch das Wasser. . . .*
*Jetzt nähert sich eine Wolke, und die Sonne verschwindet vorübergehend dahinter. . . .*
*Ein dunkler Schatten bedeckt den gesamten Strand, und ein Windstoß läßt Sie frösteln. . . .*
*Aber die Wolke treibt davon, und da ist auch die Sonne wieder. . . .*
*Sie legen sich in den warmen Sand, schließen die Augen und genießen die heilenden Strahlen der Sonne. . . . . . . . .*
*Ihre Strandszene nähert sich jetzt dem Ende . . . .*
*Öffnen Sie langsam die Augen. . . .*
*Werfen Sie entspannte Blicke auf die Dinge, die Sie um sich herum haben. . . .*
*Beachten Sie, daß die Buchstaben auf der Testkarte sich nach jeder Übung mit den Handflächen etwas schwärzer abheben.*

*Einstellung gelassener Wachheit*

Nach und nach verlernen Sie die Gewohnheit, geistig oder visuell zu starren, die Sie vor Jahren angenommen haben. Sie kultivieren eine Einstellung von gelassener Wachheit, so daß Ihre Augen zur Normalität zurückkehren können.

In den kommenden Tagen können Sie die Handflächentechnik auf verschiedene Weise anwenden, je nach Ihrem Zeitplan, Ihrem Befinden und Ihrer persönlichen Vorliebe. Versuchen Sie immer, sich erst ein paar Minuten zu sonnen. Mehrere kurze Sitzungen am Tag sind besser als eine lange. Ein regelmäßiges tägliches Programm führt zu besseren Ergebnissen als gelegentliche, nicht geplante Sitzungen.

*Mehrere kurze Sitzungen am Tag sind besser als eine lange*

*Üben Sie oft!*

Üben Sie, so oft Ihnen danach zumute ist. Sie werden die Übung noch mehr genießen, wenn Sie sich bestimmte Szenen vorstellen, an denen Sie ein persönliches Interesse haben, beispielsweise Ihr Hobby, etwas, das Ihnen gehört, oder ein Lieblingstier. Wenn Sie ein bißchen experimentieren, können Sie zu einer angenehmen Verbindung aus geistigen Bildern und zweckmäßigem Tagesplan kommen. Je intensiver Sie bei jeder Sitzung ein Gefühl des Wohlbehagens empfinden, desto länger wird es auch hinterher vorhalten.

*Gefühl des Wohlbehagens*

## Geistige Reibungspunkte

Sie wissen inzwischen, daß Sie am besten denken und sehen, wenn Sie sich auf einen Gegenstand konzentrieren, der Sie im Moment am meisten interessiert. Ihre Sicht wird leicht unscharf, wenn Sie etwas ansehen, das Sie langweilt. In Extremfällen, wenn Menschen wirklich frustriert sind oder sich über eine längere Zeit hinweg bedroht fühlen, können sie tatsächlich blind werden oder den Verstand verlieren.

*Erfahrungen von Marylin B. Rosanes-Berrett*

Frau Marylin B. Rosanes-Berrett, die diese Methode in New York unterrichtete, berichtet von dem Fall Frederick Perls, einem herausragenden Psychologen und Autor. Er kam als 62jähriger zu ihr, als er unter Kurzsichtigkeit und einer schweren Augenentzündung litt. Nach 5 Sitzungen hatte sich sein Sehvermögen wesentlich gebessert. Aber vor dem Erlebnis, alles wieder deutlich zu sehen, hatte er große Angst. Er war zu der Zeit ein Mann mit größten Sorgen, und unbewußt versteckte er sich hinter seiner Kurzsichtigkeit. Als ihm das langsam bewußt wurde, normalisierte sich auch seine Sehkraft.

Eine weitere Patientin von Frau Rosanes-Berrett war eine junge Frau, die nicht sehen konnte, obwohl ihre Augen in perfekter Verfassung waren. Alles hatte angefangen, als sie als Mädchen dazu gezwungen worden war, täglich 3 Stunden in der Bibel zu lesen. Ihre Blindheit war eine unbewußte Flucht vor der verhaßten Routine. Sobald sie sich das selbst eingestanden hatte und die hier beschriebenen Übungen anwandte, wurde ihr Sehvermögen wieder normal.

***Jeder von uns leidet hin und wieder unter subtilen Sehfehlern***

Dieses sind Extremfälle, aber jeder von uns leidet hin und wieder unter subtilen Sehfehlern und geistiger Überspannung durch psychosomatische Einflüsse. Die Menschen versuchen dann, bestimmte unerwünschte Aspekte des Lebens einfach nicht wahrzunehmen. Wenn Sie beispielsweise Angst vor der Zukunft haben, dann ziehen Sie sich vielleicht in Ihre kleine gegenwärtige Welt zurück und werden kurzsichtig. Wenn Sie sich andererseits von den gegenwärtigen Bedingungen bedroht fühlen, dann möchten Sie vielleicht in eine rosige Zukunft entfliehen und werden weitsichtig. Ob die Bedrohung tatsächlich besteht oder nur eingebildet ist, spielt dabei eigentlich keine Rolle. Was eine Rolle spielt, ist Ihre Einstellung und die Art, wie Sie mit inneren und äußeren Bedingungen umgehen.

***Wenn Sie Angst vor der Zukunft haben, werden Sie kurzsichtig***

# Zum Schluß: Kopfkino

***Übung:*** Zum Abschluß dieses Kapitels wollen wir noch eine eingebildete Szene abrollen lassen. Nehmen Sie die Position wie bei der Übung mit den Handflächen ein, die Augen sind bedeckt, die Ellenbogen abgestützt. ...

*Sie sitzen auf einer Bank in einem wunderschönen Park.*
*Vor Ihnen liegt ein Teich, umgeben von Büschen und Blumen. ...*
*Sie bemerken eine Bewegung in einem der Büsche und sehen einen Vogel hervorkommen. ...*
*Es ist eine braune Ente mit blauen Streifen auf den Flügeln und einem gelben Schnabel. ...*
*Die Ente watschelt in Richtung Wasser. ...*
*Sie geht ins Wasser und paddelt zur Mitte des Teichs. ...*
*Nun taucht sie mit dem Kopf unter, so daß der Schwanz in die Höhe ragt. ...*
*Im Wasser um sie herum bilden sich immer weiter reichende Kreise. ...*
*Jetzt taucht die Ente und verschwindet für einen Augenblick. ...*
*Doch da ist sie wieder, mit Grünzeug im Schnabel. ...*
*Plötzlich tauchen 6 Entenküken am Teichrand auf und folgen der Mutter ins Wasser. ...*
*Mit ihren kleinen Körpern pflügen sie durch das Wasser, und links und rechts von ihnen entstehen winzige Wellen. ......*
*Sie umkreisen die Ente und schnattern aufgeregt. ...*
*quack ... quack ... quack ...quack ... quack ...*
*Jetzt verblaßt diese Szene langsam, und Sie genießen wieder die beruhigende Dunkelheit. ....*

Sie öffnen langsam die Augen und werfen entspannt Blicke auf Gegenstände um Sie herum.
Im nächsten Kapitel lernen Sie, wie Sie Geist, Körper und Augen beweglich und lebendig halten können.

# 10. Beweglichkeit

*Klarheit des Denkens, Freiheit*
*von Starre, Offenheit des Geistes,*
*all das scheint mit einer gewissen*
*glücklichen Beweglichkeit*
*des Naturells verbunden zu sein.*

Matthew Arnold (1882)

## Halten Sie die Wirbelsäule beweglich

Starre Denk- und Sehgewohnheiten sind fast immer verbunden mit einer gewissen Steifheit der Wirbelsäule.

***Die Augen sind eine Verlängerung des Gehirns***

Die Augen sind eine Verlängerung des Gehirns, ebenso wie das Nervenbündel innerhalb der Wirbelsäule, und sie beeinflussen sich gegenseitig. Leute wie Chiropraktiker oder Osteopathen, die die Wirbelsäule behandeln, können häufig das Sehvermögen eines Patienten verbessern, indem sie einfach die Wirbel richten. Sie können außerdem den emotionalen Zustand eines Menschen beurteilen, wenn sie sich seine Haltung und die Position seines Kopfs ansehen.

***Verbindung zwischen Sehkraft, Geisteszustand und Körperhaltung***

Kenner der Alexander-Technik wissen auch, daß es eine Verbindung zwischen Sehkraft, Geisteszustand und Körperhaltung gibt.

***Beweglichkeit bedeutet Leben***

Orientalische Lehren betonen seit Jahrtausenden, daß Beweglichkeit Leben bedeutet, Steifheit dagegen Tod. Die kriegerischen Künste Judo, Karate und Jiu-Jitsu lehren die Tugenden Geschmeidigkeit und Beweglichkeit, sie lehren, sich zu bewegen wie eine Weide, nicht wie eine Eiche. Sie zeigen, daß Gewalt und Verspannung meistens zur Niederlage führen, während eine bewegliche Haltung Erfolg bringt.

***Yoga***

Viele Yogaübungen sind besonders darauf angelegt, die Wirbelsäule elastisch zu halten. Selbst unsere modernen Astronauten machen Yogaübungen, wenn sie mehrere

Tage in einer Raumkapsel verbringen müssen. Die Ärzte haben festgestellt, daß der Körper innerhalb von ein paar Tagen anfängt, steif zu werden, wenn er keine Bewegung bekommt.

***Bewegungsmangel fördert schlechtes Sehvermögen***

Vielleicht leben auch Sie selbst in vieler Hinsicht wie ein Astronaut, im Haus, im Auto oder am Arbeitsplatz, die meiste Zeit sitzend und auf Geräte oder Papiere starrend. Das fördert nicht nur schlechtes Sehvermögen, sondern alle möglichen anderen Erkrankungen des Herzens, der Blutgefäße, des Verdauungstrakts, der Gelenke und des Nervensystems.

Selbst wenn Ihre Arbeit vorwiegend körperlich ist, bedeutet das nicht, daß Sie sich ausgeglichen bewegen. Ihre Arbeitsroutine macht vielleicht bestimmte Körperbewegungen erforderlich, die einen Körperteil belasten, während andere Teile träge bleiben.

***Nicht alle sportlichen Betätigungen sind ausgeglichen***

Bestimmte sportliche Betätigungen können auch keineswegs als ausgeglichen bezeichnet werden, vor allem nicht, wenn sie fanatisch betrieben werden. Jogging beispielsweise kann Herzanfälle auslösen, wie Dr. Christiaan Barnard hervorgehoben hat. Tennis ist auch ein einseitiger Sport, der den einen Arm belastet, während der andere untätig bleibt. Schwimmen und Spazierengehenn werden dagegen von allen Gesundheitsexperten empfohlen.

Wie können Sie dafür sorgen, daß Ihre Wirbelsäule beweglich bleibt? Eine einfache Methode besteht darin, sich im Verlauf des Tages immer mal wieder nach hinten umzudrehen. Versuchen Sie es jetzt:

***Übung:*** *Bleiben Sie einfach sitzen, und legen Sie die Hände auf die Schenkel. Drehen Sie Kopf und Schultern ganz weit, ohne daß Sie sich auf dem Sitz bewegen. ...*

*Drehen Sie den Hals und den ganzen Rumpf. ...*

*Drehen Sie sich noch weiter, wobei Sie mit den Händen auf die Schenkel drücken. ...*

*Was sehen Sie hinter sich? .....*

*Nun drehen und wenden Sie sich zur anderen Seite und blicken wieder nach hinten. .....*

*Als nächstes legen Sie direkt hinter Ihrem Stuhl eine Münze auf den Fußboden. ...*
*Drehen Sie sich um, bis Sie sie sehen, ohne sich auf dem Sitz zu bewegen .....*
*Blicken Sie erst über die eine Schulter, ...*
*dann über die andere. ...*
*Jetzt blicken Sie unter einer Achsel hindurch auf die Münze .....*
*Jetzt beugen Sie sich nach vorn und sehen zwischen den Beinen hindurch auf die Münze. ...*
*Greifen Sie nach der Münze, und heben Sie sie auf ....*
*Haben Sie nach all dem Drehen ein kribbelndes Gefühl in der Wirbelsäule?*

## Langer Schwung, kurzer Schwung

Stellen Sie sich nun hin, und machen Sie noch eine Übung, die die Wirbelsäule kribbeln und noch lockerer werden läßt:

**Übung:** *Stellen Sie sich hin, die Füße etwa einen halben Meter auseinander. ...*
*Die Arme hängen locker herunter. ...*
*Der Kopf balanciert leicht oben auf der Wirbelsäule. ...*
*Wenn möglich, stellen Sie sich vor ein Fenster. Der Fensterrahmen im Vordergrund scheint sich dann dem Hintergrund draußen entgegenzubewegen, während Sie hin und her schwingen. ...*
*Drehen Sie jetzt Kopf und Schultern langsam, und sehen Sie nach hinten; dabei drehen Sie gleichzeitig die Wirbelsäule von oben bis unten. ....*
*Dann drehen Sie sich zur anderen Seite und blicken wieder nach hinten. .....*
*Jetzt fangen Sie an, rhythmisch vor und zurück zu schwingen, dabei zählen Sie bei jedem Schwung „einundzwanzig" ... 21 ... 21 ... 21 ... 21 ... 21 ...*
*Ihre Arme baumeln einfach locker herunter ... 21 ... 21 ... 21 ...*
*Bei jeder Drehung zu einer Seite heben Sie den Hacken auf der anderen Seite etwas an. ... 21 ... 21 ... 21 ...*

*Entspannen Sie den Nacken, ...*
*entspannen Sie das Gesicht, ...*
*entspannen Sie die Augen ... 21 ... 21 ...*
*Schwingen Sie weiter vor und zurück. Ihre Augen lassen die Welt vorüberziehen und sehen nichts Spezielles an. Schwingen Sie etwa 50mal, insgesamt eine Minute lang. Dann setzen Sie sich wieder.*

Der lange Schwung sieht zwar einfach aus, erfordert aber einige Übung. Sie können das Ganze auch abwandeln und den kurzen Schwung machen. Statt mit jedem Schwung ganz nach hinten zu drehen, schaukeln Sie sanft von einer Seite zur anderen und beschränken Ihre Blicke auf den Bereich, der vor Ihnen liegt. Sie sehen beispielsweise, wie sich der Fensterrahmen gegen den Hintergrund hin- und herzubewegen scheint.

***Kurzer Schwung***

Wenn Sie ein paarmal geübt haben, werden Sie leicht und ohne Anstrengung schwingen. Bei jedem Schwung bewegt sich der ganze Körper, nicht nur die Schulterpartie. Daran müssen Sie sich erst einmal gewöhnen, denn Sie sind in einer kopflastigen, starren Zivilisation aufgewachsen, in der die meisten Dinge von oben gelenkt werden, vom Kopf her. In einigen östlichen Kulturen bewegen sich die Menschen anmutiger, weil sie wissen, daß der Schwerpunkt im Beckenbereich liegt. Das ist das Geheimnis von guter Balance und guter Haltung, wie in Kapitel 3 beschrieben.

***Bei jedem Schwung bewegt sich der ganze Körper***

Andere Möglichkeiten, die Wirbelsäule jung und beweglich zu halten, sind Tanzen, Springen oder Herumhopsen zu lebhafter Volksmusik. Selbst ohne richtige Tanzschritte und ohne Partner macht das großen Spaß. Sie improvisieren einfach und hüpfen nach dem Rhythmus herum, wann immer Ihnen danach zumute ist. Wenn es keine Musik gibt, dann summen oder singen Sie selbst eine Melodie. Kinder tun das ständig. Dabei fühlen Sie sich immer gut. Sie springen anmutig umher, und jeder Bereich und jede Falte Ihres Körpers wird kräftig bearbeitet. Die Zeit vergeht wie im Flug, während Sie dahintanzen.

***Andere Möglichkeiten, die Wirbelsäule jung und beweglich zu halten***

Wenn Sie den ganzen Tag gesessen haben, wird Sie eine

*Täglich ein Tanz, und Sie brauchen den Doktor nicht mehr*

Viertelstunde Tanz wieder in Form bringen – ohne irgendwelche Anstrengung oder Mühe. Täglich ein Tanz, und Sie brauchen den Doktor nicht mehr.
Aber wenn Sie irgendeine Krankheit haben, dann fragen Sie den Arzt lieber erst um Rat. Wenn Sie außer Form sind, was für die meisten Menschen heutzutage gilt, tanzen Sie anfangs nur ein paar Minuten, und zwingen Sie sich nie. Innerhalb von wenigen Wochen wird Ihr Körper die erforderliche Kraft und Ausdauer entwickeln.

## Zwischenspiel mit Sonnen

In den beiden vorigen Kapiteln haben Sie die Übungen mit dem Sonnen und den Handflächen gelernt. Sie hatten inzwischen die Möglichkeit, allein zu üben. Damit sich die Übung noch verfestigt, wollen wir sie jetzt noch einmal machen:

**Übung:** *Nehmen Sie die Brille ab oder die Kontaktlinsen heraus.*
*Schließen Sie die Augen, und entspannen Sie sich von den Zehen an aufwärts. ...*
*Entspannen Sie die Beine ...*
*die Knie ...*
*den Bauch ...*
*den ganzen Körper ...*
*den Nacken ...*
*das Gesicht ...*
*und die Augen. ...*
*Jetzt bewegen Sie den Kopf in großen Kreisen ...*
*rund ... rund ... rund ... und rund. ...*
*Und dann in die andere Richtung ...*
*rund ... rund ... und rund. ......*
*Wenden Sie die geschlossenen Augen dem Licht zu. Wenn die Sonne oder eine Lampe fehlen, stellen Sie sich einfach vor, daß Sie in der Morgensonne sitzen. ...*

*Setzen Sie das Gesicht von allen Seiten den wärmenden Strahlen aus, indem Sie den Kopf langsam von einer Seite zur anderen bewegen. ......................... Spüren Sie, wie sich die Augen entspannen, wie sie ein beruhigender, goldener Strom durchfließt. ..... Nehmen Sie die heilenden Strahlen noch für eine Weile auf. ...........................................*

*Dann wenden Sie sich vom Licht ab und öffnen langsam die Augen. Blinzeln Sie ein paarmal, und fangen Sie an, die Umrisse von Gegenständen vor Ihnen mit den Blicken nachzuziehen ....................*

*Und jetzt bearbeiten wir die Akkommodationsmuskeln rund um das Auge kräftig.*

*Rollen Sie die Augen ganz nach oben, als wollten Sie Ihre Augenbrauen betrachten. .....*

*Jetzt blicken Sie nach unten auf Ihre Oberlippe. .....*

*Jetzt ganz nach rechts .....*

*und nach links. .....*

*Rollen Sie die Augen ganz am Rand Ihres Gesichtsfeldes entlang ...*

*rund ...... und rund ...... und rund ....*

*und in die andere Richtung ....*

*rund ..... und rund ..... und rund ...... .*

*Als nächstes stehen Sie auf und strecken sich zur Lockerung wie eine große Katze. ............*

*Strecken Sie wirklich alle Muskeln. .....*

*Jetzt setzen Sie sich wieder hin und strecken die rechte Hand mit gespreizten Fingern vor sich aus. ...*

*Merken Sie sich die Silhouette der fünf Finger, und lassen Sie die Augen dem Umriß folgen. ......*

*Jetzt schließen Sie die Augen und sehen die Hand in Gedanken. .....*

*Öffnen Sie die Augen kurz, um die Erinnerung an die Hand aufzufrischen. ...*

*Dann schließen Sie sie wieder und stellen sich die Hand in allen Einzelheiten vor. ...*

*Öffnen Sie die Augen, und schließen Sie die Hand zur Faust ...*

*Ziehen Sie die Silhouette der Faust mit den Augen nach, und merken Sie sich, wie die Finger gebeugt sind. .....*

*Dann öffnen Sie die Augen und lassen die Hand sinken. ....*

*Jedes normale menschliche Wesen kommt mit der Fähigkeit auf die Welt, geistige Bilder zu sehen*

Wenn Geist oder Augen erschöpft sind, wird Ihnen diese bildliche Vorstellung vielleicht schwerfallen. Aber seien Sie versichert, daß jedes normale menschliche Wesen mit der Fähigkeit auf die Welt kommt, geistige Bilder zu sehen. Das Bild Ihrer Hand beispielsweise ist irgendwo in Ihrem Gehirn gespeichert, aber vielleicht haben Sie die Fähigkeit verloren, es wieder abzurufen. Als Kind haben Sie viele geistige Bilder gesehen, aber später in der Schule hat man Ihnen beigebracht, in abstrakten Kategorien und Zahlen zu denken.

*Ihre Sehkraft bessert sich mit Ihrer Fähigkeit, Dinge in Gedanken vor sich zu sehen*

In den folgenden Wochen werden Sie dieses Talent wiederbeleben. Fangen Sie mit einfachen Dingen wie mit Händen, Äpfeln und Orangen an, und dann gehen Sie zu anderen Gegenständen über, die Sie erfreulich oder interessant finden. Ihre Sehkraft bessert sich mit Ihrer Fähigkeit, Dinge in Gedanken vor sich zu sehen.

## Ein Schmerz im Nacken

*Schlechtes Sehen bedeutet für Millionen von Menschen Schmerzen im Nacken*

In engem Zusammenhang mit geistigem Streß und angespannten Augen steht Spannung in Nacken und Gesicht. Schlechtes Sehen bedeutet für Millionen von Menschen buchstäblich Schmerzen im Nacken. Darum beginnen wir jede Sitzung in der Sonne damit, daß wir den Kopf rollen.

Eine andere Möglichkeit, Spannung in diesem Bereich loszuwerden, ist eine einfache Massage, für die Sie aber einen Partner brauchen. Sie massieren sich ein paar Minuten lang gegenseitig den Nacken.

Wenn Sie allein sind, entspannen Sie sich einfach und massieren Gesicht und Nacken sanft. Doch mit einem Partner kommen Sie zu weit besseren Ergebnissen.

**Übung:** *Die sitzende Person entspannt sich und balanciert den Kopf leicht oben auf der Wirbelsäule. Die massierende Person steht hinter dem Stuhl und legt ihre Hände auf die Schultern. Sie ertastet die*

*Wirbelsäule mit den Daumen, die Handflächen berühren die Schulterblätter. ...*
*Jetzt werden die Muskeln rechts und links der Wirbelsäule sanft mit den Daumen massiert .............*
*Langsam massieren die Daumen den Bereich der oberen Wirbelsäule, immer auf und ab. ............*
*Als nächstes wandern die Hände oben über die Schultern und kneten die angespannten Muskeln vorsichtig durch ...........*
*Wenn es an irgendeiner Stelle wehtut, ist das ein Hinweis, daß hier ein Spannungsknoten vorliegt. ...*
*Normalerweise können solche Knoten langsam und vorsichtig wegmassiert werden. ................*
*Nun wechseln die massierte und die massierende Person die Plätze.*

***Schneiden Sie Grimassen!***

Soviel zur Auflösung von Spannung im Nacken. Spannung im Gesicht kann man lindern, wenn man lustige Grimassen schneidet, wobei man die Augen soweit wie möglich aufreißt und sie dann zukneift usw.

***Lächeln Sie!***

Eine andere Methode besteht darin, sanft und kaum wahrnehmbar zu lächeln. Versuchen Sie es, und Sie werden feststellen, daß die Spannung automatisch aus dem Gesicht verschwindet und die Augen sich entspannen. Ein Teil des Geheimnisses ist die Position Ihres Kopfes, den Sie oben auf der Wirbelsäule im Gleichgewicht balancieren sollen. Wenn Sie diese Haltung pflegen, können Sie gar nicht anders als sich ausgeglichen fühlen. Emotionen wie Sorge, Angst, Kummer, Frustration oder Ärger verschwinden nach und nach.
Im nächsten Kapitel werden wir über die Beziehung Körper-Geist sprechen. Unter anderem werden wir die Ernährung diskutieren. Führen Sie auch Ihre Liste über all das, was Sie in 3 Tagen essen, trinken, rauchen und schlucken? Sie werden dazu einen Taschenspiegel und ein Vergrößerungsglas brauchen.

# *11. Die Beziehung Körper – Geist*

*Ein gesunder Geist in einem gesunden Körper ist eine kurze, aber perfekte Beschreibung eines glücklichen Zustands in dieser Welt.*

John Locke (1693)

Wie gesagt hängen Körper und Geist voneinander ab, sie sind sozusagen zwei Seiten ein und derslben Münze. Der Geist-Körper funktioniert am besten, wenn man ausgeglichen ist und sich wohl fühlt.

***Ihr Körper hat eine natürliche Neigung, gesund zu bleiben und sich selbst zu heilen***

Ihr Körper hat eine natürliche Neigung, gesund zu bleiben und sich selbst zu heilen, wenn er einmal krank wird. Dieser Prozeß läuft unbewußt und automatisch ab, aber Sie können ihn auch unterstützen. Zumindest können Sie darauf achten, den Heilungsprozeß nicht zu stören. Doch da das moderne Leben immer komplizierter und künstlicher wird, verlieren die Menschen leicht den Kontakt zur Natur und zu sich selbst, und sie mißhandeln ihren Körper auf die eine oder andere Weise.

***Die Menschen mißhandeln ihren Körper auf die eine oder andere Weise***

Wenn der Körper schließlich Anzeichen von Mangel oder Krankheit zeigt, laufen sie zum Arzt, um mit Medikamenten, einer Operation oder einem Gerät wie einer Brille wiederhergestellt zu werden. Oder sie versuchen herauszufinden, welches Vitamin oder welcher Mineralstoff gut gegen ihre Beschwerden ist. Aber sie tun im allgemeinen wenig oder gar nichts gegen den dahinterliegenden Grund. Sie erkennen nicht, daß sie krank sind, weil sie künstliche Gewohnheiten angenommen haben, die das empfindliche Gleichgewicht von Geist und Körper ständig durcheinanderbringen.

***Die dem Körper innewohnende Weisheit***

Statt auf die dem Körper innewohnende Weisheit zu vertrauen, statt auf die Warnsignale des Organismus zu hören, verlassen sie sich auf Ärzte, Krankenhäuser, Therapeuten, Versicherungsgesellschaften und Regie-

rungen. Sie betrachten den Körper als einen störrischen Mechanismus, der mit Chemikalien angespornt und durch Operationen und Geräte wie künstliche Linsen „verbessert“ werden muß.

In unserem modernen medizinischen Establishment werden die großen Preise nicht an die wahren Heiler verliehen. Statt dessen gehen sie an den Arzt, der zu schnellen und greifbaren Erfolgen kommt, indem er Krankheiten und Schäden durch Chemikalien und Operationen oberflächlich unterdrückt. Der Patient hat dann das Gefühl, daß er Hilfe bekommen hat durch solche kurzfristigen Maßnahmen, die auf lange Sicht seine Beschwerden nur noch steigern.

***Der Gesundheitszustand der Ärzte liegt unterhalb des Durchschnitts***

Selbst die Mediziner scheinen es nicht besser zu wissen, und betrachtet man sie als Gruppe, liegt ihr Gesundheitszustand unterhalb des Durchschnitts. In China dagegen erwartet man von den Ärzten, daß sie perfekte Beispiele für gute Gesundheit sind. Sie genießen das Vertrauen der Öffentlichkeit teilweise deswegen, weil sie sich fit und in bester Verfassung halten.

## *Klagelied vom Zucker*

***100 g Zucker/Tag***

Der durchschnittliche Deutsche nimmt täglich 100 g Zucker zu sich in Form von Süßigkeiten, Marmelade, Kuchen, Limonade, heißen Getränken, Desserts, Eiscreme, Schokolade – und dutzendfach auf versteckte Weise. Selbst Ketchup und die meisten Babynahrungsmittel enthalten Zucker. Das ist nur der statistische Durchschnitt, was bedeutet, daß manche Leute weniger zu sich nehmen, während andere bis zu einem Pfund pro Tag konsumieren.

***„Zucker spendet Energie“***

Wie Anzeigen versprechen, spendet Ihnen Zucker schnell Energie. Und nach einem Energieanstieg, der etwa 1 Stunde anhält, verfallen Sie in einen Zustand der Depression und haben einen niedrigen Blutzuckerspiegel. Typisch für Zuckerabhängige ist, daß sie abwechselnd aggressive Überaktivität und Erschöpfungszustände zeigen, vor allem, wenn sie viel sitzen.

Nur wenige Menschen können auf lange Sicht dieses sprunghafte Hin und Her aushalten. Viele bekommen Diabetes, auch als Zuckerkrankheit bekannt. Der typische Diabetiker hat einen Sehfehler, im allgemeinen Kurzsichtigkeit und später grauen Star. Der Arzt verordnet dann tägliche Spritzen oder Medikamente und verbietet den Genuß von Zucker. Aber der Schaden ist angerichtet, und sehr wenige Diabetiker werden wieder gesund. Übermäßiger Zuckerkonsum zerstört außerdem bestimmte Vitamine und Kalzium im Körper, was Arthritis, Zahnverfall und alle möglichen anderen Krankheiten fördert.

***Der typische Diabetiker hat einen Sehfehler***

***Übermäßiger Zuckerkonsum zerstört bestimmte Vitamine und Kalzium***

Die Zuckerreklame sagt uns, daß der Körper Zucker braucht, und das stimmt natürlich. Aber er braucht keine 100 g Fabrikzucker täglich, was jetzt zur Norm geworden ist.

Wie haben unsere fernen Vorfahren ohne Zucker und Zuckerprodukte überlebt? Wie können wir die unglaubliche Ausdauer, Gesundheit und Scharfsichtigkeit der Hunza im Himalaja erklären, die noch nie Zucker gesehen haben? Ein Hunza-Mann kann tagsüber fast 30 Kilometer laufen und abends zum Spaß noch Fußball spielen, ohne den Genuß von Limonade, Eiscreme, Keksen usw. Menschen wie die Hunza bekommen allen notwendigen Zucker in Form von Vollkorn, Obst und Gemüse. Ihre einfachen Mahlzeiten liefern ihnen anhaltende Energie, nicht den schnellen Anstieg von Energie, der den Körper erschöpft und die Gefühle und die Augen durcheinanderbringt. Da liegt das Geheimnis ihrer Vitalität. Die nicht raffinierten Lebensmittel, die sie zu sich nehmen, enthalten außerdem alle Vitamine und Spurenelemente, die der Körper braucht, um gesund zu bleiben.

***Die Hunza leben ohne Zucker***

Industriezucker ist nur ein Beispiel für die zahlreichen kraftlosen Produkte in den Regalen unserer Supermärkte. Weißes Brot, weißer Reis und weißes Mehl sind weitere solcher Produkte. Zahllose andere künstliche Lebensmittel können genauso schädlich sein, wie in

***Denaturierte Lebensmittel***

Hunderten von Forschungsprojekten bewiesen wurde. Weil die Schäden aber erst mit zeitlicher Verzögerung auftreten, lassen sich die Leute täuschen. Sie sind sich nicht der Tatsache bewußt, daß die meisten schweren Erkrankungen sich schleichend über Jahre und Jahrzehnte hinweg ausbreiten. Wenn die Krankheit schließlich da ist, erkennen sie nicht den Zusammenhang zwischen ihren Lebensgewohnheiten und dem Kranksein. Und dann stehen sie da und sagen vielleicht: „Ich bin doch all die Jahre gesund gewesen, doch plötzlich wurde ich krank. Warum mußte das ausgerechnet mir passieren?"

***Zusammenhang zwischen Lebensgewohnheiten und Krankheit***

Aber selbst die beste Ernährung verbessert Ihr Sehvermögen nicht, wenn Sie an Ihren angespannten geistigen Gewohnheiten festhalten. Auch eine gesunde Mahlzeit kann den Körper zusätzlich belasten, wenn sie in angespannter geistiger Verfassung eingenommen wird. Die Ernährung ist zwar nur einer von vielen mitwirkenden Faktoren, aber in ihr liegt oft der entscheidende Unterschied. Das Beispiel Zucker illustriert nur die verborgenen Zusammenhänge, die die meisten Menschen nicht erkennen.

***Auch eine gesunde Mahlzeit kann den Körper zusätzlich belasten***

Die Hauptabsicht dieses Buches besteht nicht darin, Ihnen zu sagen, was Sie essen sollen. Vielmehr will es Ihnen helfen, bestimmte Angewohnheiten zu vermeiden, die vielleicht Ihre geistigen, körperlichen und visuellen Fähigkeiten beeinträchtigen. Solange Ihre täglichen Hauptnahrungsmittel herzhaft und gesund und so frisch wie nur möglich sind, brauchen Sie sich keine Gedanken zu machen. Auch eine ungesunde Nascherei muß Ihnen nicht gleich schaden. Die Gefahr liegt darin, diese Dinge regelmäßig zu konsumieren. Dazu gehören alle Nahrungsmittel, die unnötigerweise erhitzt, raffiniert oder chemisch behandelt wurden. Der Körper gedeiht prächtig bei rohem Obst und Gemüse und bei nur leicht gekochten Nahrungsmitteln.

***Die Gefahr liegt in der Regelmäßigkeit***

Im Zusammenhang mit den Augen sind Lebensmittel wie Möhren, Blattgemüse, Vollkornprodukte, Leber, Eigelb, Fisch, Geflügel, Joghurt, Hüttenkäse, Sojapro-

***Empfehlenswerte Lebensmittel***

dukte, Weizenkeime und Sonnenblumenkerne besonders zu empfehlen. Wenn Sie krank sind oder unter Belastungen leiden, brauchen Sie vielleicht zusätzlich noch Vitamin- oder Mineralpräparate.

## *Ein Ausflug in die Küche*

Sie können sofort beginnen, diese Einsichten in die Praxis umzusetzen. Als erstes stellen Sie sich vor, was Sie tun werden. Schließen Sie die Augen, und entspannen Sie sich:

**Übung:** *Sie sind in Ihrer Küche und sehen sich die Lebensmittel auf den Regalen und im Kühlschrank an. Sie sehen diese Eßwaren jetzt mit anderen Augen als vorher. Sie finden, daß vieles davon Ihren Maßstäben nicht entspricht, es ist zu stark raffiniert, zu lange gekocht, künstlich, gefärbt, kraftlos oder nicht mehr frisch.*
*Sie nehmen eine große Mülltonne und werfen das ganze Zeug hinein. Ab sofort hören Sie auf, Ihren Kopf, Ihren Körper und Ihre Augen mit solchen ungesunden Substanzen zu belasten.*
*Na gut, natürlich werden Sie sich hin und wieder Ihr Lieblingseis schmecken lassen oder worauf sonst Sie Appetit haben. Aber Sie werden die Gewohnheit ablegen, dauernd solche Sachen zu konsumieren. Sie haben keinen Heißhunger mehr auf Nahrungsmittel, die Ihnen schnelle Energie liefern, Sie am Ende aber doch im Stich lassen. Statt dessen verlassen Sie sich auf natürliche Produkte, die Ihnen kräftigende Energie schenken und Ihr geistiges, körperliches und seelisches Gleichgewicht stützen.*
*Ihr Geschmack verfeinert sich, und Sie finden den Anblick und den Geschmack von künstlichen Lebensmitteln abstoßend. Sie meiden auch zu fette Nahrungsmittel, die am Ende nur Ihre Arterien verstopfen und die Blutversorgung im Bereich der Augen behindern. Durch Ausprobieren finden Sie Ihre Toleranzgrenze für Drogen aller Art heraus, einschließlich Alkohol, Koffein, Nikotin und Medikamente. Sehr bald werden Sie das meiste davon nicht mehr brauchen, weil*

*Sie sich auch ohne sehr gut fühlen. Sie können diese Substanzen zu sich nehmen oder es auch lassen, und Sie werden selten Appetit darauf haben.*
*Es wird Ihnen auch klar, daß übermäßiger Fleischkonsum zu einer aggressiven Geisteseinstellung führt und den Körper mit bestimmten Giften überlastet, vor allem wenn Sie sich körperlich nicht ausreichend betätigen, um diese Gifte auszuschwitzen. Sie fangen an, sich mehr auf andere Proteine zu verlassen, die für Ihren Organismus verträglicher sind. Fisch, Geflügel, Hüttenkäse, Joghurt und Sojaprodukte ergeben auch schmackhafte Mahlzeiten und enthalten sogar mehr Protein.*
*Sie essen mehr Rohes oder nur leicht Gegartes. Gemüse in Scheiben oder Würfeln beispielsweise muß nur ein paar Minuten erhitzt werden, wenn Sie es in einem chinesischen Wok (kegelförmiger Topf) zubereiten. Während des Essens sorgen Sie für eine angenehme Atmosphäre und führen fröhliche Gespräche. Kurz, Sie helfen Ihrem Körper, ein gesundes Gleichgewicht aufrechtzuerhalten.*
*Gut, das hier war das Kopfkino in der Küche.*
*Öffnen Sie langsam die Augen, blinzeln Sie ein paarmal. Lassen Sie die Augen leicht und locker über die Dinge wandern, die Sie vor sich haben. .....*
*Springen Sie mit den Blicken zwischen zwei Buchstaben auf der Übungskarte hin und her, bis sich beide schärfer abzeichnen. Blinzeln Sie weiter ....*
*Jetzt springen Sie zwischen einem großen und einem kleinen Buchstaben hin und her. .....*
*Dann springen Sie mit den Augen zwischen einem nahen und einem entfernten Gegenstand hin und her. ......*
*Als nächstes springen Sie zwischen der Oberkante und der Unterkante eines großen Buchstabens hin und her. ......*
*Schließlich springen Sie zwischen der Oberkante und der Unterkante eines kleineren Buchstabens hin und her.*

## *Den Körper entgiften*

Wenn Sie mit dem schwarzen Punkt üben, hilft Ihnen das bei der Entwicklung Ihrer zentralen Fixierung, so daß Sie nach und nach anfangen, das Zentrum Ihres Gesichtsfeldes schärfer zu sehen. Das wiederum verbessert alle Körperfunktionen, eingeschlossen die der Assimilation und Elimination, wie Dr. Bates herausgefunden hat. Sie können buchstäblich alle Arten von Spannungen und Mißhandlungen „schlucken“, solange Ihr geistiges Zentrum aufrechterhalten bleibt.

***Assimilation und Elimination***

Einige Yogis beispielsweise können ohne Schaden Gift nehmen, solange sie in diesem konzentrierten Bewußtseinszustand verharren. Aber wenn sie dieselben Gifte in einem gestörten geistigen Zustand zu sich nähmen, würden sie sofort sterben. Das gilt natürlich auch umgekehrt, und der Yogi würde nie bei einer unnatürlichen Ernährung den höheren Bewußtseinsgrad erreichen.

***Selbstvergiftung***

Viele Menschen in den wohlhabenden Ländern leiden an einer Art von Selbstvergiftung. Ihr Körper wird überlastet durch zu reichliches Essen, was auch die Sehkraft beeinflussen kann. Ein einfaches Heilmittel ist hier das Fasten, das manchmal innerhalb von einigen wenigen Tagen zu sensationeller Verbesserung des Sehvermögens geführt hat. Ähnliche Ergebnisse können Sie durch Fasten mit Säften erreichen, wenn Sie einige Tage lang nur frische Obstsäfte zu sich nehmen. Saft ist ziemlich nahrhaft und hält Sie in Schwung, während er gleichzeitig den Organismus von Giften reinigt. Bei dieser Art des Fastens brauchen Sie nicht zu Hause zu bleiben, vorausgesetzt, Sie strengen sich nicht zu sehr an.

***Fasten***

Wenn nötig, können Sie sogar wochenlang ohne Nahrung auskommen. Aber ohne Luft würden Sie innerhalb von 5 Minuten sterben. Vor allem das Gehirn und die Augen sind abhängig von einer ständigen Sauerstoffzufuhr durch die Blutgefäße. Viele Sehfehler werden direkt

***Sehfehler durch flache Atmung oder Gefäßverengungen***

oder indirekt durch flache Atmung oder Gefäßverengungen verursacht. Spannung im Nacken und um die Augen herum kann ein weiterer Faktor sein. Wahrscheinlich halten Sie auch den Atem an, wenn Sie einer Sache besondere Aufmerksamkeit schenken, beispielsweise am Arbeitsplatz, im Straßenverkehr, beim Fernsehen - oder sogar beim Lesen dieses Buches.

## Wie schnell atmen Sie?

***Weisheit der Yogis***

Einige Yogis glauben, daß für jeden Menschen eine bestimmte Zahl von Atemzügen vorgesehen ist. Ein Mensch, der schnell atmet, wird daher in jüngeren Jahren sterben. Sie behaupten außerdem, daß flaches Atmen allen Arten von körperlichen, nervlichen, gefühlsmäßigen und geistigen Problemen Tür und Tor öffnet. Sie warnen vor allem vor der Angewohnheit, durch den Mund zu atmen.

***Zählen Sie, wie oft Sie ausatmen***

Eine Uhr mit Sekundenzeiger ist alles, was Sie brauchen, um Ihre Atemgeschwindigkeit zu überprüfen. Fangen Sie mit dem Ausatmen an, und zählen Sie, wie oft Sie in einer Minute ausatmen. Das können Sie sofort machen, noch bevor Sie weiterlesen. .....................

Wie oft haben Sie ausgeatmet? Zwanzigmal? Fünfzehnmal? Achtmal? Je schneller Sie atmen, desto oberflächlicher wird Ihre Atmung auch sein. Aber Menschen mit großen Lungen neigen dazu, langsamer zu atmen. Beispielsweise atmen Männer langsamer als Frauen.

Aber jeder, der mehr als 15mal in der Minute ausatmet, steckt in Schwierigkeiten, weil die Lungen bei dieser Geschwindigkeit nie eine Gelegenheit bekommen, sich wirklich zu leeren. Achtmal in der Minute ist besser. Aber wenn Sie sich in den nächsten Monaten wirklich gute Atemgewohnheiten aneignen, werden Sie wahrscheinlich auch langsamer atmen. Wichtig ist, daß Sie

***Vollständig ausatmen***

vollständig *ausatmen.*

Wenn Sie das erst einmal gewohnheitsmäßig machen, wird Ihr Rhythmus langsamer, und jeder Atemzug wird von ganz tief unten aus der Lunge kommen, nicht nervös aus den Schultern.

***Gleichgewicht zwischen Basen und Säuren in Ihrem Körper***

Ein weiterer Faktor, der Ihr Befinden beeinflußt, ist das Gleichgewicht zwischen den Basen und den Säuren in Ihrem Körper. Die meisten Menschen heutzutage haben überschüssige Säure in ihrem Körper.

Und das sind Nahrungsmittel, die zur Säureproduktion beitragen: Fleisch, Zucker, Brot, raffinierte Getreideprodukte, Nüsse, Erbsen, Bohnen, Linsen und Eiweiß.

***Lebensmittel essen, die Basen produzieren***

Damit Sie zu einer besseren Ausgeglichenheit kommen, essen Sie mehr Lebensmittel, die Basen produzieren, beispielsweise Obst, Gemüse, Kartoffeln, Hüttenkäse, Joghurt, Eigelb und Produkte aus Soja.

Um die Durchblutung rund um die Augen und im Gehirn noch mehr anzuregen, kauern Sie sich nieder, und berühren Sie den Boden mit der Stirn wie ein betender Moslem. Damit die Übung noch mehr Wirkung bekommt, stellen Sie eine Schale mit kühlem, klarem Wasser auf den Boden unter den Kopf, und tauchen Sie Augen und Stirn hinein. Unter Wasser blinzeln Sie dann und rollen 1 oder 2 Minuten die Augen.

## *Ein Blick in Ihr Inneres*

Haben Sie sich auch schon einmal gefragt, wie es im Inneren Ihres Körpers aussieht? Sie können einen Blick in Ihr Inneres tun, indem Sie einfach in den Spiegel gucken. Ihre Augen sind die einzigen durchsichtigen

***Form, Struktur und Farbe der Iris studieren***

Organe des Körpers, und wenn Sie Form, Struktur und Farbe der Iris studieren, können Sie viel über Ihren gegenwärtigen Gesundheitszustand erfahren. Sie können den Zustand der Gewebe beobachten, die ein Teil des zentralen Nervensystems sind.

Mit nicht mehr als einem großen Vergrößerungsglas und

einem Taschenspiegel können Sie einiges über das innere Funktionieren des Organismus entdecken. Halten Sie das Vergrößerungsglas genau über den Spiegel, mit etwa 2,5 cm Abstand vom Auge. Ein Vergrößerungsspiegel (Rasierspiegel) ist noch besser geeignet. Wenn Sie das Auge eines anderen Menschen studieren wollen, benutzen Sie dabei ein Vergrößerungsglas und eine Taschenlampe.

*Jede Iris hat ihre eigene Struktur*

Wenn Sie so die Augen von verschiedenen Menschen studieren und vergleichen, werden Sie entdecken, daß jede Iris ihre eigene Struktur hat. Sie werden Unterschiede in der Form des inneren und äußeren Randes erkennen und in der Dichte und Regelmäßigkeit der Fasern, die strahlenförmig zwischen innerem und äußerem Rand liegen.

*Was Sie aus der Iris erkennen können*

Ganz allgemein gilt: Ein gesunder Mensch hat wenig Unregelmäßigkeiten, vollkommen runde Ränder und Fasern von glatter, feiner Dichte. Wenn die Fasern unregelmäßig angeordnet sind, zwischen ihnen Knoten und Räume liegen, dann können Sie einen Mangel an Vitalität und eine geringe Widerstandskraft gegen Krankheiten diagnostizieren. Eine Verformung des inneren Randes, der in Wirklichkeit eine Verlängerung der Netzhaut und des zentralen Nervensystems ist, weist auf eine schwerwiegende Unausgeglichenheit des Geist-Körpers hin. Zu Zeiten von Streß und Krankheit können Sie Veränderungen in der Form des Randes beobachten. Die Pupillen wirken dann nicht rund, sondern oval oder eingedellt.

*Sie können organische Schwächen entdecken, lange bevor sie sich als Krankheiten zeigen*

Wenn Sie die Iris studieren, können Sie überwachen, ob im Körper Gifte vorhanden sind, und Sie können organische Schwächen entdecken, lange bevor sie sich als Krankheiten zeigen. Sobald Sie Unregelmäßigkeiten in der Iris beobachten, sollten Sie vielleicht Ihre Ernährung umstellen, für ausgeglichene sportliche Betätigung sorgen oder Ihre Lebensgewohnheiten ändern, bis die Symptome verschwinden.

*Mit Medikamenten verschwinden die Symptome nicht*

Wenn Sie versuchen, das mit Medikamenten zu erreichen, werden im allgemeinen die Symptome in der Iris nicht verschwinden, sondern nur in einen anderen Bereich wandern. (Bernard Jensen: „The Science and Practice of Iridology", USA)

***Menschen mit lebhaften, glänzenden Augen sind attraktiver als Leute mit trüben, starren Augen***

Ein weiterer Vorteil gesunder Augen ist ein besseres Aussehen. Der Eindruck, den Sie auf andere machen, wird weitgehend vom Ausdruck Ihrer Augen bestimmt. Menschen mit lebhaften, glänzenden Augen sind attraktiver als Leute mit trüben, starren Augen. Auch die besten Kosmetika können nicht über einen trüben Geisteszustand oder einen vernachlässigten Körper hinwegtäuschen.

# 12. Geistige Bilder

*Von tausend Menschen, die denken können, kann nur einer wirklich sehen. Klar zu sehen, ist Poesie, Prophetie und Religion, alles in einem.*

John Ruskin (1843)

## Ihr Bild der Welt

***Ihr Leben wird weitgehend von Ihren geistigen Vorstellungen und Konzepten gestaltet***

Ihr Leben wird weitgehend von Ihren geistigen Vorstellungen und Konzepten gestaltet. Die geistige Welt, in der Sie leben, unterscheidet sich von der anderer Menschen. Wenn Sie und ich gemeinsam eine bestimmte Szene betrachten, fällt dasselbe Bild auf unsere Netzhäute. Aber jeder von uns deutet dieses Bild auf unterschiedliche Weise, und wir erinnern uns an unterschiedliche Aspekte. In gewisser Weise lebt jeder Mensch in seiner eigenen Welt der geistigen Bilder. Wenn Sie Ihre Phantasie auf neue Weise einsetzen, können Sie Ihre Welt verbessern.

***Je entspannter Sie sind, desto leichter können Sie sich in Gedanken Dinge vorstellen***

Je entspannter Sie sind, desto leichter können Sie sich in Gedanken Dinge vorstellen. Selbst dabei können die Übungen mit dem Sonnen und den Handflächen eine Hilfe sein, und Sie können sie als ersten Schritt benutzen.

*Übung:* *Beginnen Sie damit, daß Sie den Kopf in großen Kreisendrehen, rund .....*
*und rund .....*
*und rund .....*
*Dann in der anderen Richtung, rund .....*
*und rund ..... und rund .....*
*Schließen Sie die Augen, und entspannen Sie den ganzen Körper von den Zehen an aufwärts. .....*

*Entspannen Sie die Beine . . .*
*den Bauch . . . die Arme . . . den Nacken . . . .*
*das Gesicht . . . . und die Augen . . . . .*
*Wenden Sie die geschlossenen Augen der Sonne (oder der Lampe) zu, und stellen Sie sich vor, Sie säßen in einem schönen Garten. Sie spüren das Gras unter den Füßen, und Sie riechen die Blumen. . . . . .*
*Es ist ein wunderbar heller Morgen, und Sie genießen die wärmenden Strahlen der Sonne. . . . . .*
*Sie bewegen das Gesicht langsam von einer Seite zur anderen, damit die Sonne aus allen Richtungen auf Ihre Augen scheint. . . . . . . . . . . . . . . .*
*Sie spüren, wie die Sonne Ihre Augen heilt und beruhigt. . . . . .*
*Nichts stört Ihren inneren Frieden. . . . . .*
*Ihr Kopf bewegt sich weiter von einer Seite zur anderen. . . . . . . . . . . . . . . . . . .*
*Ihre Augen nehmen die heilenden Strahlen der Sonne auf. . . . . . . . . . . . . . . . . . . . .*
*Jetzt wenden Sie sich von dem Licht ab oder schalten die Lampe aus.*
*Langsam öffnen Sie die Augen. Blinzeln Sie ein paarmal schnell. . . . .*
*Werfen Sie kurze, entspannte Blicke auf die Dinge vor Ihnen. . . . . .*
*Dann lassen Sie die Augen über die Umrisse der Möbel vor Ihnen wandern . . . . . . . .*
*Lassen Sie die Augen auf der Übungskarte herumspringen und sie hier und da ein Wort lesen. . . . . . .*

## Sehen Sie den Marienkäfer

**Alle Übungen sollen Spaß machen**

Bereiten Sie sich jetzt darauf vor, ein paar geistige Bilder zu sehen. Denken Sie daran, daß alle Übungen in diesem Buch Spaß machen sollen. Wenn eine Übung Sie nicht reizt, entspannen Sie sich einfach, und warten Sie, bis die nächste an der Reihe ist.
Beginnen Sie wie in der Übung mit den Handflächen. Bedecken Sie die Augen mit den Händen, und setzen Sie die Ellenbogen auf den Tisch oder eine andere Stütze.

**Übung:** *Entspannen Sie sich, und genießen Sie die beruhigende Dunkelheit.*
*.........*
*Stellen Sie sich in 30 bis 60 cm Entfernung eine wunderschöne gelbe Rose vor, sie sitzt auf einem langen Stiel mit Blättern. ......*
*Auf einem der Blätter bemerken Sie einen Marienkäfer, der seinen Weg zum Stiel sucht. ...*
*Der Marienkäfer hat zwei rote Flügel und sechs schwarze Beine. .....*
*Auf jedem Flügel sehen Sie einen kleinen schwarzen Punkt. ....*
*Der Käfer krabbelt langsam voran, bewegt ein Bein nach dem anderen. ....*
*Jetzt trifft er auf einen Dorn und scheint vorübergehend den Halt zu verlieren. ...*
*Aber er findet einen Weg über die andere Seite und beginnt, den Stiel hinaufzukrabbeln. ...*
*Er erreicht schließlich die Blüte und klettert ganz nach oben. ....*
*Er dreht sich ein paarmal herum und weiß nicht, in welche Richtung er fliegen soll. ...*
*Dann fängt er an, mit den Flügeln zu pumpen. ...*
*Er öffnet die Flügel ...*
*pumpt noch ein wenig ...*
*und fort ist er ...*
*wird kleiner und kleiner. ....*
*Aber Sie können ihn noch sehen. ...*
*Jetzt ist er verschwunden.*

Sie kehren jetzt in die Gegenwart zurück. Setzen Sie sich normal hin und öffnen Sie die Augen. ...
Blinzeln Sie ein paarmal schnell. Lassen Sie die Augen über die Dinge wandern, die Sie vor sich haben. Dann stehen Sie auf und machen 1 Minute lang den langen Schwung:

**Langer Schwung**

*Stellen Sie die Füße etwa 30 cm auseinander, und fangen Sie an zu schwingen im Rhythmus von „einundzwanzig“. ... 21 ... 21 ... 21 ... 21 ...*
*Ihre Augen sind entspannt. ... 21 ... 21 ...*
*Mit jedem Schwung lassen Sie die Welt vorüberziehen ... 21 ... 21 ...*
*Sie betrachten nichts Spezielles ... 21 ... 21 ...*

*Ihre gesamte Wirbelsäule wird angenehm bewegt ... 21 ... 21 ...*
*Die Nackenmuskeln lockern sich ... 21 ... 21 ... 21 ...*
*Jedesmal, wenn Sie an das Ende eines Schwungs kommen, hebt sich der gegenüberliegende Hacken ein wenig ... 21 ... 21 ... 21 ... 21 ............*

*Jetzt setzen Sie sich hin und entspannen sich eine Zeitlang ........*
*Lassen Sie die Augen über die Umrisse der Dinge wandern, die Sie vor sich sehen ...........*
*Dann gehen Sie wieder in die Stellung wie bei der Übung mit den Handflächen. Bedecken Sie die Augen mit den Händen, und stellen Sie die Ellenbogen auf einen Tisch oder eine andere Stütze. .........*
*Sie erleben tiefe innere Ruhe, während sich Ihre Augen entspannen. .....*
*Sie genießen die beruhigende Dunkelheit. ............*
*Sie spüren, wie sich die Muskeln im Bereich der Augen entspannen. ...*
*Das Blut zirkuliert und spült angesammelte Gifte weg, während es den Augen gleichzeitig die notwendigen Nährstoffe liefert. .....*
*Sie legen besonderes Gewicht auf jedes Ausatmen und lassen dann die Luft von allein wieder hineinströmen. ..........*
*Sie spüren, wie der Sauerstoff von den Lungen zu den Augen transportiert wird, wie die Millionen Zellen der Augen erfrischt und wiederbelebt werden. ......*
*Jede der winzigen Zellen hat eine eigene Intelligenz und kommuniziert mit den anderen Zellen und dem Gehirn. ....*
*Die Zellen funktionieren am besten, wenn sich der Geist-Körper wohl fühlt und wenn er auf etwas konzentriert ist, was Sie wirklich interessiert. .....*

*Öffnen Sie jetzt langsam die Augen, und setzen Sie sich normal hin. ...*

*Blinzeln Sie ein paarmal. ...*
*Wandern Sie mit den Augen über die Umrisse von nahen und entfernten Gegenständen.*

## Wiedersehen mit dem schwarzen Punkt

In Teil I des Buches haben Sie gelernt, wie Sie den schwarzen Punkt benutzen, um Ihre innere Mitte zu finden. Wenn Sie Ihre Aufmerksamkeit auf einen schwarzen Punkt konzentrieren, behalten Ihre Augen die runde Form, die in sich geschlossen ist. Je schwärzer Sie sich den Punkt vorgestellt haben und je entspannter Sie sind, desto länger erinnern Sie sich an das Bild des Punktes.

***Sie erleben innere Harmonie***

Immer wenn der Punkt in tiefem Schwarz erscheint und etwa eine Minute in Ihrem Gedächtnis bleibt, erleben Sie eine unglaubliche innere Harmonie. Das ist der Zustand innerer Einheit, der in bestimmten orientalischen Schriften als große Leistung erwähnt wird. Dieser Zustand hat eine heilende Wirkung auf alle Organe des Körpers, einschließlich der Augen. Alle Gedanken, die Ihnen in diesem Zustand kommen, haben eine heilende und lebenserhaltende Eigenschaft. Wenn erleuchtete Menschen mit einer höheren Intelligenz kommunizieren oder Zeit und Raum überschreiten, dann beginnen sie auf dieser Ebene.

***Alle Gedanken haben eine heilende und lebenserhaltende Eigenschaft***

***Machen Sie die Übung mit dem schwarzen Punkt***

Nehmen Sie sich jetzt sofort ein paar Minuten Zeit, um die Übung mit dem schwarzen Punkt zu machen. Gelingt es Ihnen spontan? Oder müssen Sie sich erst einen ruhigen Platz suchen und die Augen bedecken? Eines Tages werden Sie in der Lage sein, ihn fast überall und zu jeder Zeit zu sehen.

## Stellen Sie sich vor, daß Sie kerngesund sind

***Dr. Carl Simonton***

Manche Ärzte benutzen inzwischen die Technik der Visualisierung, um ihren Patienten zu helfen. Dr. Carl Simonton, der medizinische Direktor des Krebsforschungszentrums in Fort Worth, Texas, sieht in der Visualisierung sein wichtigstes Instrument bei der Behandlung von Krebs. Seine Erfolge wurden von zahlreichen Fachleuten bestätigt, darunter auch von der Amerikanischen Krebs-Gesellschaft.

***Visualisierung der Krankheit***

Zuerst stellen sich seine Patienten die Krankheit bildlich vor, dann die Behandlung, schließlich den Immunmechanismus des Körpers und den Heilungsprozeß. Sie lernen, daß in allen menschlichen Organismen Krebszellen vorhanden sind, daß aber das Immunsystem die Kraft hat, sie zu neutralisieren.
Ihr Ziel bei dem vorliegenden Programm ist es, Ihr Seh- und Denkvermögen zu verbessern, und dazu können Sie geistige Bilder benutzen. Sie können sich vorstellen, daß Sie strahlende Gesundheit genießen. Das gelingt am besten in einem entspannten geistigen Zustand, in der Position wie bei der Übung mit den Handflächen, und Sie können gleich jetzt anfangen:

***Übung:*** *Schließen Sie die Augen, und setzen Sie die Ellenbogen auf einen Tisch oder eine andere Stütze. .....*
*Werden Sie sich bewußt, daß es in Ihrem Nervensystem eine Unausgeglichenheit gibt, die Ihre Gesundheit untergraben ......*
*Dann denken Sie daran, wie die Übungen in diesem Buch nach und nach dafür sorgen, daß Sie zur Normalität zurückkehren. ...*
*Sie haben angefangen, mit entspannten Augen durch den Tag zu gehen. ...*
*Die Augäpfel bewegen sich leicht und ohne Anstrengung. ...*
*Ihr Nacken ist nicht mehr angespannt, und Ihre Wirbelsäule ist gerader geworden. ...*
*Ihr Kopf schwebt leicht im Gleichgewicht oben auf der Wirbelsäule, wenn Sie stehen, gehen oder sitzen. ...*
*Sie sind weniger abhängig von Ihrer Brille. ...*
*Jetzt verschwindet die Szene, und Sie öffnen langsam die Augen. ...*
*Sie blinzeln ein paarmal und lassen die Augen leicht über die Dinge vor Ihnen wandern. ......*

*Es liegt nun an Ihnen*

Diese Szene zeigt in groben Zügen, was man machen kann. Es liegt jetzt bei Ihnen, die Einzelheiten und die Farben dazuzugeben. Sie wissen am besten, wie verbessertes Sehen Ihnen zu Hause oder am Arbeitsplatz hilft oder wer über Ihre Fortschritte erstaunt sein wird und was die Leute sagen werden. Sie wissen auch am besten, welche anderen Beschwerden wahrscheinlich mit Ihrer Fehlsichtigkeit verschwinden werden.

## Den Kopf balancieren

*Alexander-Technik*

Die Alexander-Technik hat manchmal Menschen geholfen, ihr körperliches und geistiges Gleichgewicht zu finden. Alexander hat Tausenden von Menschen gezeigt, wie sie ihre Gesundheit und ihr Wohlbefinden verbessern können, indem sie einfach ihre Körperhaltung ändern. Er hatte festgestellt, daß die meisten Menschen heutzutage unter schlechter Körperkoordination leiden, was Nerven, Gelenke, Blutgefäße, Muskeln, Verdauungsorgane und besonders die Wirbelsäule belasten kann.

*Gesundheit und Wohlbefinden verbessern, indem Sie Ihre Körperhaltung ändern*

Alle möglichen „unheilbaren Fälle" wurden an ihn überwiesen, und er konnte einen großen Prozentsatz von ihnen heilen. Unter seinen Patienten waren so berühmte Leute wie die Schriftsteller George Bernard Shaw und Aldous Huxley und der britische Politiker Sir Stafford Cripps.

*Der Nacken ist der kritische Punkt*

Der kritische Punkt bei der Alexander-Technik ist der Nacken. Wenn der Kopf nicht im Gleichgewicht oben auf der Wirbelsäule balanciert, verzieht sich der gesamte Skelettrahmen. Der Kopf muß daher hochgehalten werden, als würde er durch einen imaginären Faden nach oben gezogen. Sie können das jetzt gleich erleben, wenn Sie aufstehen und langsam ein paar Schritte gehen:

**Übung:** *Stellen Sie sich einfach vor, daß der Faden den obersten Teil Ihres Kopfes sanft aufwärts zieht. ...*

*Gehen Sie noch ein paar Schritte. ......*
*Beobachten Sie, wie sich die Wirbelsäule streckt und wie die Hüften in die normale Position kommen. ...*
*Ihr Bauch wird automatisch etwas flacher. .....*
*Das Gleichgewicht in Ihren Füßen verlagert sich leicht nach vorn. .....*
*Die Lungen scheinen sich etwas auszudehnen. .....*
*Sie scheinen zwei Zentimeter größer geworden zu sein. ...*
*Irgendwie fühlen Sie sich leichter und besser. ...*
*Die meisten Menschen sind überrascht, wenn sie das zum erstenmal erleben. ...*
*Manche sagen, das sei, als schwebe man durch die Luft. ...*
*Machen Sie jetzt noch ein paar Schritte, um den Unterschied zwischen dem Alexander-Gang und dem normalen Gehen zu erleben. .............*
*Dann setzen Sie sich wieder. .....*

## Stellen Sie sich den Ablauf Ihres Alltags vor

***Alles, was Sie im Leben tun, ist das Ergebnis Ihrer Gedanken und geistigen Bilder***

Bereiten Sie sich auf weitere bildliche Vorstellungen vor. Diesmal benutzen Sie Ihre Phantasie, um sich selbst zuzusehen, wie Sie die Übungen in Ihrem Alltag praktizieren. Alles, was Sie im Leben tun, ist das Ergebnis Ihrer Gedanken und geistigen Bilder. Bevor Sie eine Übung in Ihrem Alltagsleben anwenden können, müssen Sie eine klare Vorstellung davon haben, wie Sie das machen. Natürlich vermeiden Sie dabei Sturheit in jeder Form, aber Sie halten schon an Ihrem Plan fest. Malen Sie sich ein deutliches geistiges Bild aus, und sehen Sie sich selbst in einem klaren geistigen Film, der Sie im Alltagsleben zeigt. Wenn Sie klare Vorstellung von dem haben, was Sie machen wollen, folgen die praktischen Schritte mehr oder weniger spontan. Aber wenn jemand nur unbestimmte, verschwommene Ideen hat, kann er sich nicht auf ein Ziel konzentrieren und treibt leicht auf innere Reibungspunkte und äußere Probleme zu.

Hier ein Beispiel dafür, was Sie im Verlauf eines normalen Tages tun können:

**Übung:** *Schließen Sie die Augen, und entspannen Sie den ganzen Körper von den Zehen an aufwärts. . . . . . . .*

*Ihr ganzer Körper entspannt sich. . . . . .*

*das Gesicht . . . und die Augen . . . . .*

*Sie sehen sich selbst, wie Sie eine Testkarte an der Wand gegenüber Ihrem Bett befestigen, wo sie gut sichtbar ist.*

*Dann bringen Sie eine weitere Karte gegenüber dem Stuhl an, auf dem Sie beim Sonnen sitzen. . . .*

*Wenn Sie abends im Bett liegen, schließen Sie die Augen und beobachten in Gedanken eine erfreuliche, bewegte Szene, so daß Sie mit entspannten Augen einschlafen.*

*Wenn Sie am nächsten Morgen aufwachen, blinzeln Sie schnell ein paarmal. Dann folgen Sie mit den Augen den Umrissen der Möbel in Ihrem Schlafzimmer. . . .*

*Sie bemerken die Testkarte an der Wand und lassen die Augen darauf herumspringen, ohne daß Sie zu lesen versuchen. Sie nehmen die Formen der Buchstaben wahr und sehen, wie schwarz sie vor dem weißen Hintergrund stehen. . . .*

*Sie rollen den Kopf langsam mehrmals in einer Richtung . . .*

*dann in der anderen . . . . . . . . . . .*

*Nachdem Sie aufgestanden sind, genießen Sie ein kräftiges Recken und Strecken wie eine große Katze. . . . . . . . . . .*

*Sie stehen am Fenster und führen 1 Minute lang den langen Schwung aus. . . . . .*

*Dann tanzen Sie nach lebhafter Volksmusik eine Weile herum. . . . . .*

*Später im Bad spritzen Sie kühles Wasser auf die Augen, um sie anzuregen. Sie gucken sich im Spiegel an und machen ein paar fröhliche Grimassen, um die Spannung im Gesicht zu lösen. Setzen Sie das subtile Mona-Lisa-Lächeln auf, und behalten Sie es bei. Ihre Augen sind jetzt entspannt, und Sie sind bereit, dem Tag in fröhlicher Stimmung entgegenzusehen.*

*Während Sie das Haus verlassen, denken Sie an den Alexander-Gang.*

*Ein imaginärer Faden zieht sanft Ihren Kopf nach oben. Sie blinzeln häufig und lassen die Augen über die Umrisse von Menschen, Fenstern, Autos, Gebäuden usw. wandern. Sie blicken abwechselnd auf nahe und entfernte Gegenstände.*
*Wenn Sie am Schreibtisch arbeiten, achten Sie darauf, daß Sie sich nicht über Ihre Arbeit beugen. Sie sitzen so, daß Sie frei atmen können und daß Ihr Kopf mehr oder weniger oben auf der Wirbelsäule balanciert. Wenn es nötig sein sollte, beschaffen Sie sich einen geeigneteren Stuhl.*
*Sie vermeiden es, längere Zeit bei Neonlicht zu sitzen, und Sie installieren statt dessen eine gewöhnliche Lampe.*
*Vor allem vermeiden Sie, starr zu blicken, sondern Sie halten die Augen in Bewegung. Sie stehen alle halbe Stunde auf und strecken die Beine, die Arme und den Rumpf. Falls nötig, erfinden Sie irgendeinen Vorwand dafür.*
*Später, abends beim Fernsehen, lassen Sie weiterhin die Augen über die Umrisse von Gegenständen und Dingen auf dem Bildschirm wandern. Ab und zu verändern Sie die Entfernungseinstellung der Augen, indem Sie vom Bildschirm wegsehen.*

**Positive Aussagen formulieren**

Das vermittelt Ihnen eine Vorstellung dessen, was man mit geistigen Bildern alles machen kann. Je öfter Sie Ihre Phantasie auf diese Weise einsetzen, desto schneller werden Sie Erfolg haben. Um Ihre geistigen Bilder zu verstärken, formulieren Sie positive Aussagen, wie etwa: „Meine Augen blinzeln oft und fangen an, die Mitte meines Gesichtsfelds kristallklar zu sehen."

Damit ist Teil II dieses Buches abgeschlossen, der als Sprungbrett für die Technik mit dem schwarzen Punkt in Teil I dienen soll. Wenn Sie den Zusammenhang zwischen Körper, Geist und Augen verstehen, und wenn Sie zugleich Ihre körperliche und geistige Mitte finden, dann werden Sie den schwarzen Punkt leichter sehen und häufiger geistige Klarheit erleben.

# *Bibliographie*

Bates, William H., M. D., Better Eyesight Without Glasses. New York 1974.
Benjamin, Harry, Better Sight Without Glasses. Wellingborough 1979.
Eisenberg, David, M. D., Encounters with Qi – Exploring Chinese Medicine. New York 1985.
Emerson, Ralph Waldo, Essays. New York 1926.
Goleman, Daniel, The Varieties of Meditative Experience. New York 1977.
Huxley, Aldous, The Art of Seeing. London 1977.
Illich, Ivan, Medical Nemesis. New York und London.
Jensen, Bernhard, The Science and Practice of Iridology, USA.
Lao Tzu, Tao Te Ching, Baltimore 1963.
Maharishi Mahes Yogi, The Science of Being and the Art of Living. New York 1966.
Markert, Christopher, Seeing Well Again Without Your Glasses. New York 1983.
Maslow, Abraham, Peak Experiences. New York.
Mendelsohn, Robert, M. D., Confessions of a Medical Heretic, Chicago.
Ott, John, Health and Light. New York.
Rosanes-Berrett, M., Do You Really Need Your Glasses? New York.
Simonton, Carl, M. D., Getting Well. New York.
Stone, Justin F., Meditation for Healing. Albuquerque, USA.
Suzuki, D. T., The Zen Doctrine of No-Mind. London 1949.
Tohei, Koichi, Book of Ki. Tokio 1976.

# Register

Haben Sie das Gefühl, daß Ihr Sehvermögen bereits perfekt ist, und daß Sie aus Teil II dieses Buches nicht mehr viel lernen können? Das ist sehr unwahrscheinlich, und auf jeden Fall werden Sie wissen wollen, wie Sie verhindern können, daß Ihre Augen schlechter werden. Die Testkarte am Ende des Buches läßt Sie innerhalb 1 Minute erkennen, wie gut Ihre Sehkraft wirklich ist.

## *Wie gut ist Ihre Sehkraft?*

Schneiden Sie eine Testkarte aus dem Buch heraus, und bringen Sie sie in einem gut beleuchteten Bereich an. Nehmen Sie die Brille ab, oder entfernen Sie Ihre Kontaktlinsen.

Ihre Nahsicht ist gut, wenn Sie die unterste Zeile aus einer normalen Leseentfernung (35 cm) lesen können.

Ihre Weitsicht ist gut, wenn sie die 3. Zeile von oben aus einer Entfernung von 6 m lesen können.

„Gutes Sehen" ist das, was zur Erlangung eines Führerscheins notwendig wäre. Aber das ist noch weit entfernt davon, perfekt zu sein. Es weist nur darauf hin, daß Sie gut genug sehen, um im Leben zurechtzukommen und ein Auto fahren zu können, ohne zu einer Verkehrsgefährdung zu werden.

Die Karte wird Ihnen bei Ihrem Streben nach visueller und geistiger Klarheit helfen. Schneiden Sie weitere Karten aus, und hängen Sie sie an Stellen auf, wo Sie sie oft sehen – zu Hause und am Arbeitsplatz; und stecken Sie eine in Ihre Brieftasche.

Die schwarzen Buchstaben auf der Karte werden Ihre Augen automatisch daran erinnern, sich zu entspannen und sich ohne Anstrengung scharf einzustellen. Benutzen Sie die Karte als ein Mittel zu einem entspannteren, leistungsfähigeren und angenehmeren Geisteszustand, genau wie Yogis und Zen-Meister Atmung, Singsang, Haltung und andere Übungen einsetzen, um einen höheren Bewußtseinszustand zu erreichen.

# *Übungskarte*

Schneiden Sie mehrere Karten aus, und hängen Sie sie dort auf, wo Sie sie täglich sehen.
Lassen Sie die Augen ganz entspannt auf den schwarzen Formen herumwandern und die Konturen nachzeichnen, ohne lesen zu wollen.
Je mehr sich die Augen entspannen, desto besser funktionieren sie, desto besser funktionieren auch Geist, Körper und Nervensystem – und desto besser fühlen Sie sich.

SOBALD

DIE AUGEN

Ihre Weitsicht ist gut, wenn Sie diese Zeile aus 6 m Entfernung lesen können. → SICH ENTSPANNEN,

FÜHLT MAN SICH WOHLER

UND DENKT KLARER. – ZEICHNE

LANGSAM DIE KONTUREN NACH, OHNE

Ihre Nahsicht ist gut, wenn Sie diese Zeile aus 35 cm Entfernung lesen können → LESEN ZU WOLLEN. SOBALD DIE AUGEN SICH ENTSPANNEN

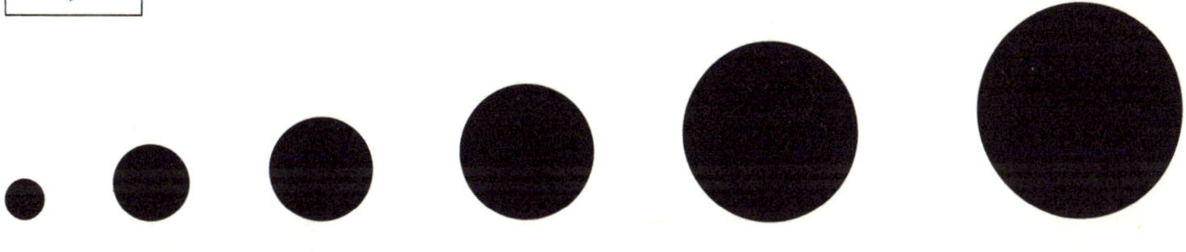

Aus: Christopher Markert, Innere Harmonie als heilende Lebenskraft, Jopp-Verlag, Wiesbaden 1990.

# *Übungskarte*

Schneiden Sie mehrere Karten aus, und hängen Sie sie dort auf, wo Sie sie täglich sehen.
Lassen Sie die Augen ganz entspannt auf den schwarzen Formen herumwandern und die Konturen nachzeichnen, ohne lesen zu wollen.
Je mehr sich die Augen entspannen, desto besser funktionieren sie, desto besser funktionieren auch Geist, Körper und Nervensystem - und desto besser fühlen Sie sich.

Ihre Weitsicht ist gut, wenn Sie diese Zeile aus 6 m Entfernung lesen können.

SOBALD

DIE AUGEN

SICH ENTSPANNEN,

FÜHLT MAN SICH WOHLER

UND DENKT KLARER. – ZEICHNE

LANGSAM DIE KONTUREN NACH, OHNE

LESEN ZU WOLLEN. SOBALD DIE AUGEN SICH ENTSPANNEN

Ihre Nahsicht ist gut, wenn Sie diese Zeile aus 35 cm Entfernung lesen können

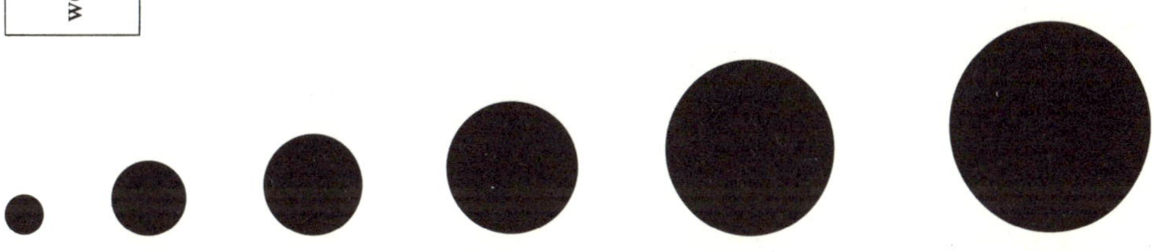

Aus: Christopher Markert, Innere Harmonie als heilende Lebenskraft, Jopp-Verlag, Wiesbaden 1990.

## *Übungskarte*

Schneiden Sie mehrere Karten aus, und hängen Sie sie dort auf, wo Sie sie täglich sehen.
Lassen Sie die Augen ganz entspannt auf den schwarzen Formen herumwandern und die Konturen nachzeichnen, ohne lesen zu wollen.
Je mehr sich die Augen entspannen, desto besser funktionieren sie, desto besser funktionieren auch Geist, Körper und Nervensystem – und desto besser fühlen Sie sich.

Ihre Weitsicht ist gut, wenn Sie diese Zeile aus 6 m Entfernung lesen können. →

Ihre Nahsicht ist gut, wenn Sie diese Zeile aus 35 cm Entfernung lesen können →

SOBALD

DIE AUGEN

SICH ENTSPANNEN,

FÜHLT MAN SICH WOHLER

UND DENKT KLARER. – ZEICHNE

LANGSAM DIE KONTUREN NACH, OHNE

LESEN ZU WOLLEN, SOBALD DIE AUGEN SICH ENTSPANNEN

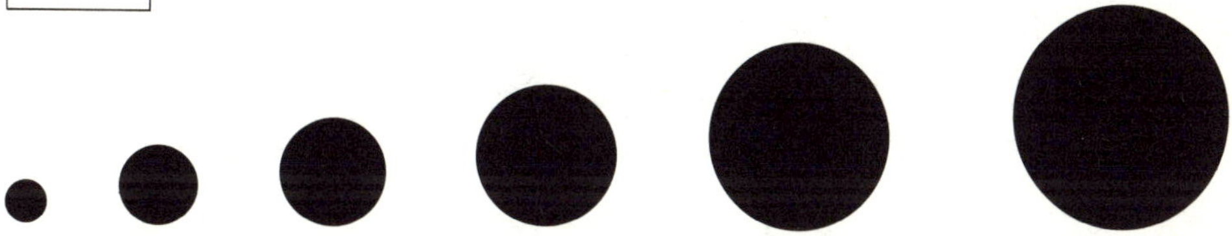

Aus: Christopher Markert, Innere Harmonie als heilende Lebenskraft, Jopp-Verlag, Wiesbaden 1990.

# *Übungskarte*

Schneiden Sie mehrere Karten aus, und hängen Sie sie dort auf, wo Sie sie täglich sehen.
Lassen Sie die Augen ganz entspannt auf den schwarzen Formen herumwandern und die Konturen nachzeichnen, ohne lesen zu wollen.
Je mehr sich die Augen entspannen, desto besser funktionieren sie, desto besser funktionieren auch Geist, Körper und Nervensystem - und desto besser fühlen Sie sich.

SOBALD

DIE AUGEN

Ihre Weitsicht ist gut, wenn Sie diese Zeile aus 6 m Entfernung lesen können.

→ SICH ENTSPANNEN,

FÜHLT MAN SICH WOHLER

UND DENKT KLARER. – ZEICHNE

LANGSAM DIE KONTUREN NACH, OHNE

Ihre Nahsicht ist gut, wenn Sie diese Zeile aus 35 cm Entfernung lesen können

→ LESEN ZU WOLLEN. SOBALD DIE AUGEN SICH ENTSPANNEN

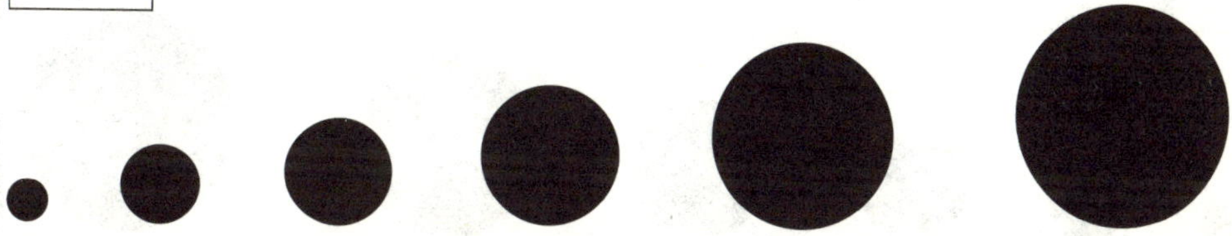

Aus: Christopher Markert, Innere Harmonie als heilende Lebenskraft, Jopp-Verlag, Wiesbaden 1990.

# *Übungskarte*

Schneiden Sie mehrere Karten aus, und hängen Sie sie dort auf, wo Sie sie täglich sehen.
Lassen Sie die Augen ganz entspannt auf den schwarzen Formen herumwandern und die Konturen nachzeichnen, ohne lesen zu wollen.
Je mehr sich die Augen entspannen, desto besser funktionieren sie, desto besser funktionieren auch Geist, Körper und Nervensystem – und desto besser fühlen Sie sich.

Ihre Weitsicht ist gut, wenn Sie diese Zeile aus 6 m Entfernung lesen können.

SOBALD

DIE AUGEN

→ SICH ENTSPANNEN

Ihre Nahsicht ist gut, wenn Sie diese Zeile aus 35 cm Entfernung lesen können

FÜHLT MAN SICH WOHLER

UND DENKT KLARER. – ZEICHNE

LANGSAM DIE KONTUREN NACH, OHNE

→ LESEN ZU WOLLEN. SOBALD DIE AUGEN SICH ENTSPANNEN

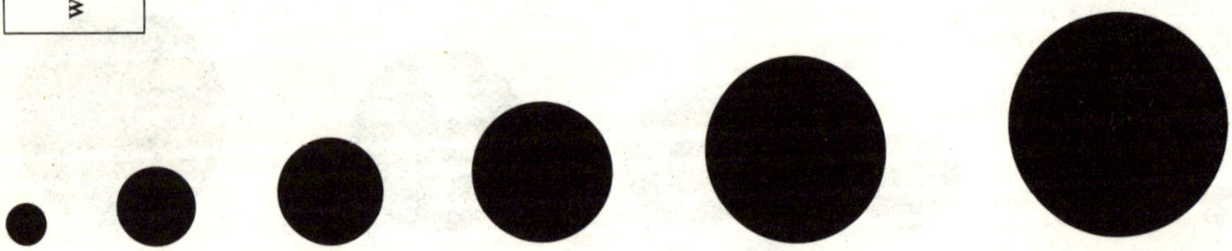

Aus: Christopher Markert, Innere Harmonie als heilende Lebenskraft, Jopp-Verlag, Wiesbaden 1990.